ÉTUDES
PHILOSOPHIQUES,

PAR

M. DE BALZAC.

TOME XVII.

l'Auberge rouge.

LE CHEF-D'OEUVRE INCONNU.

PARIS.
DELLOYE ET LECOU,

Éditeurs des OEuvres complètes de Casimir DELAVIGNE, Alfred de VIGNY,
ANCELOT, Bibliophile JACOB, des Mémoires de M. de CHATEAUBRIAND, etc.

RUE DES FILLES-SAINT-THOMAS, 5.

1837.

ŒUVRES

DE

M. DE BALZAC.

ÉTUDES
PHILOSOPHIQUES.

TOME XVII.

IMPRIMERIE DE BÉTHUNE ET PLON,
36, Rue de Vaugirard.

ÉTUDES
PHILOSOPHIQUES,

PAR

M. DE BALZAC.

TOME XVII.

L'AUBERGE ROUGE.
Le Chef-d'œuvre inconnu.

PARIS.
DELLOYE ET LECOU,
Éditeurs des OEuvres complètes de Casimir DELAVIGNE,
Alfred de VIGNY, ANCELOT, Bibliophile JACOB,
des Mémoires de M. de CHATEAUBRIAND, etc.

Rue des Filles-Saint-Thomas, 5.

1837.

L'AUBERGE ROUGE.

> Une idée causer des souffrances physiques, hein ! qu'en dis-tu ?
>
> Études philosophiques, t. xxii, *Histoire intellectuelle de L. Lambert*, 3ᵉ édit.

INTRODUCTION.

Vers la fin de l'année 1830, un banquier de Paris qui avait des relations commerciales très-étendues en Allemagne, fêtait un de ces amis, long-temps inconnus, que les négocians se font de place en place, par correspondance. Cet ami, chef de je ne sais quelle maison assez importante à Nuremberg, était un bon gros Allemand, homme de goût et d'érudition, parlant peu de sa pipe, ayant une belle, une large figure nurembergoise, au front carré, bien découvert, et décoré de quelques cheveux blonds assez rares. Il offrait le type des enfans de cette pure et noble Germanie, si fertile en caractères honorables, et dont les mœurs douces ne se sont jamais démenties, même après sept invasions. L'étranger riait avec simplesse, écoutait attentivement et buvait remarquablement bien, aimant le vin de Champagne autant peut-être que les vins paillés du Johannisberg. Il se nommait Hermann, comme presque tous les Allemands mis en scène par les auteurs. En homme qui ne sait rien faire légèrement, il était bien assis à la table du banquier, mangeait avec ce tudesque appétit si célèbre en Europe, et disait un adieu consciencieux à la cuisine du grand CARÊME.

Pour faire honneur à son hôte, le maître du logis avait convié quelques amis intimes, capitalistes ou commerçans dignes d'estime; des femmes aimables, jolies dont le gracieux babil et les manières franches étaient en harmonie avec la cordialité germanique. Vraiment, si vous aviez pu voir, comme j'en eus le plaisir, cette joyeuse réunion de gens qui avaient rentré leurs griffes commerciales pour spéculer sur les plaisirs de la vie, il vous eût été difficile de haïr les escomptes usuraires ou de maudire les faillites. L'homme ne peut pas toujours mal faire. Aussi, même dans la société des pirates, doit-il se rencontrer quelques heures douces pendant lequelles vous croyez être, dans leur sinistre vaisseau, comme sur une escarpolette.

— Avant de nous quitter, M. Hermann va nous raconter encore, je l'espère, une histoire allemande qui nous fasse bien peur.

Ces paroles furent prononcées au dessert par une jeune personne pâle et blonde qui, sans doute, avait lu les contes d'Hoffmann et les romans de Walter Scott. C'était la fille unique du banquier, ravissante créature dont l'éducation s'achevait au Gymnase, et qui raffolait des charmantes pièces de Scribe. En ce moment les convives se trouvaient dans cette heureuse disposition de paresse et de silence où nous met un repas exquis, quand nous avons un peu trop présumé de notre puissance digestive. Le dos appuyé sur sa chaise, le poignet légèrement soutenu par le bord de la table, chaque convive jouait indolemment avec la lame dorée de son couteau. Quand un dîner arrive à ce moment de déclin, certaines gens tourmentent le pepin d'une poire; d'autres roulent une mie de pain entre leur pouce et l'index; les amoureux tracent des lettres informes avec les débris des fruits; les avares comptent leurs noyaux et les rangent sur leur assiette comme un dramaturge dispose ses comparses au fond d'un théâtre. Ce sont de petites félicités gastronomiques dont Brillat-Savarin, auteur si complet d'ailleurs, n'a pas tenu compte dans son livre. Les valets avaient disparu. Le dessert était comme une escadre après le combat, tout désemparé, pillé, flétri. Les plats erraient sur la table, malgré l'obstination avec laquelle la maîtresse du logis essayait de les remettre en place. Quelques personnes regardaient des vues de Suisse symétriquement accrochées sur les parois grises de la salle à manger. Nul convive ne s'ennuyait Nous ne connaissons point d'homme qui se soit encore attristé pendant la digestion d'un bon dîner. Nous aimons alors à rester dans je ne sais quel calme, espèce de juste milieu entre la rêverie du penseur et la satisfaction des animaux ruminans; la mélancolie matérielle de la gastronomie. Aussi les convives se tournèrent-ils spontanément vers le bon Allemand, enchantés tous d'avoir une ballade à écouter, fût-elle même sans intérêt. Pendant cette benoîte pause, la voix d'un conteur semble toujours délicieuse à nos sens engourdis, dont elle favorise le bonheur négatif. Chercheur de tableaux, j'admirais ces visages égayés par un sourire, éclairés par les bougies, et que la bonne chère avait empourprés; leurs expressions diverses produisaient de piquans effets à travers les candélabres, les corbeilles en porcelaine, les fruits et les cristaux. Mon imagination fut tout à coup saisie par l'aspect du convive qui se trouvait précisément en face de moi. C'était un homme de moyenne taille, assez gras, rieur, qui avait la tournure, les manières d'un agent de change, et paraissait n'être doué que d'un esprit fort ordinaire. Je ne l'avais pas encore remarqué. En ce moment, sa figure, sans doute assombrie par un faux jour, me parut avoir changé de caractère ; elle était devenue terreuse; des teintes violâtres la sillonnaient; vous eussiez dit la tête cadavérique d'un agonisant. Immobile comme les personnages peints dans un Diorama, ses yeux hébétés restaient fixés sur les étincelantes facettes d'un bouchon de cristal; mais il ne les comptait certes pas, et semblait abîmé dans quelque contemplation fantastique de l'avenir ou du passé. Quand j'eus long-temps examiné cette face équivoque, elle me fit penser : — Souffre-t-il? me dis-je. A-t-il trop bu?

Est-il ruiné par la baisse des fonds publics? Songe-t-il à jouer ses créanciers?

— Voyez! dis-je à ma voisine en lui montrant le visage de l'inconnu, n'est-ce pas une faillite en fleur?

— Oh! me répondit-elle, il serait plus gai. Puis hochant gracieusement la tête, elle ajouta : — Si celui-là se ruine jamais, je l'irai dire à Holy-Rood! Il possède un million en fonds de terre! C'est un ancien fournisseur des armées impériales, un bon homme assez original. Il s'est remarié par spéculation, et rend néanmoins sa femme extrêmement heureuse. Il a une jolie fille que, pendant fort long-temps, il n'a pas voulu reconnaître; mais la mort de son fils, tué en duel, l'a contraint à la prendre avec lui, car il ne pouvait plus avoir d'enfans. La pauvre fille est ainsi devenue tout-à-coup une des plus riches héritières de Paris. La perte de son fils unique a plongé ce cher homme dans un chagrin qui reparaît quelquefois.

En ce moment, le fournisseur leva les yeux sur moi. Son regard me fit tressaillir, tant il était sombre et pensif! Assurément ce coup-d'œil résumait toute une vie. Mais tout à coup sa physionomie devint gaie ; il prit le bouchon de cristal, le mit, par un mouvement machinal, à une carafe pleine d'eau qui se trouvait devant son assiette, et tourna la tête vers M. Hermann en souriant Cet homme, béatifié par ses jouissances gastronomiques, n'avait sans doute pas deux idées dans la cervelle, et ne songeait à rien! Aussi eus-je, en quelque sorte, honte de prodiguer ma science divinatoire *in anima vili* d'un épais financier. Pendant que je faisais des observations en pure perte, le bon Allemand s'était lesté le nez d'une prise de tabac, et commençait son histoire. Il me serait assez difficile de la reproduire dans les mêmes termes, avec ses interruptions fréquentes et ses digressions verbeuses. Aussi l'ai-je écrite à ma guise, laissant les fautes au Nurembergeois, et m'emparant de ce qu'elle peut avoir de poétique et d'intéressant, avec la candeur des écrivains qui oublient de mettre au titre de leurs livres : *traduit de l'allemand.*

L'IDÉE ET LE FAIT.

I.

Vers la fin de vendémiaire, An VII, époque républicaine qui, dans le style actuel, correspond au 20 octobre 1799, deux jeunes gens, partis de Bonn dès le matin, étaient arrivés à la chute du jour aux environs d'Andernach, petite ville située sur la rive gauche du Rhin, à quelques lieues de Coblentz. En ce moment, l'armée française commandée par le général Augereau manœuvrait dans la Souabe en présence des Autrichiens qui occupaient la rive droite du fleuve. Le quartier-général de la division républicaine était à Coblentz, et l'une des demi-brigades appartenant au corps d'Augereau se trouvait cantonnée à Andernach. Les deux voyageurs étaient Français. A voir leurs uniformes bleus mélangés de blanc, à paremens de velours rouge, leurs sabres, surtout le chapeau couvert d'une toile cirée verte, et orné d'un plumet tricolore, les paysans de la Souabe eux-mêmes auraient reconnu des chirurgiens militaires, hommes de science et de mérite, aimés pour la plupart, non-seulement à l'armée, mais encore dans les pays envahis par nos troupes. A cette époque, les enfans de famille, arrachés à leur stage médical par la récente loi sur la conscription due au général Jourdan, avaient naturellement mieux aimé continuer leurs études sur le champ de bataille que d'être astreints au service militaire, peu en harmonie avec leur éducation première et leurs paisibles destinées. Hommes de science, pacifiques et serviables, ces jeunes gens faisaient quelque bien au milieu de tant de malheurs, et sympathisaient avec les érudits des diverses contrées par lesquelles passait la cruelle civilisation de la république.

Armés, l'un et l'autre, d'une feuille de route et munis d'une commission de *sous-aide* signée Coste et Bernadotte, ces deux jeunes gens se rendaient à la demi-brigade à laquelle ils étaient attachés. Tous deux appartenaient à des familles bourgeoises de Beauvais médiocrement riches, mais où les mœurs douces et la loyauté des provinces se transmettaient comme une partie de l'héritage. Amenés sur le théâtre de la guerre avant l'époque indiquée pour leur entrée en fonctions, par une curiosité bien naturelle aux jeunes gens, ils avaient voyagé par la diligence jusqu'à Strasbourg.

Quoique la prudence maternelle ne leur eût laissé emporter qu'une faible somme, ils se croyaient riches en possédant quelques louis, véritable trésor dans un temps où les assignats étaient arrivés au dernier degré d'avilissement, et où l'or valait beaucoup d'argent. Les deux sous-aides, âgés de vingt ans au plus, obéirent à la poésie de leur situation avec tout l'enthousiasme de la jeunesse. De Strasbourg à Bonn, ils avaient visité l'Électorat et les rives du Rhin en artistes, en philosophes, en observateurs. Quand nous avons une destinée scientifique, nous sommes à cet âge des êtres véritablement multiples. Même en faisant l'amour, ou en voyageant, un sous-aide doit thésauriser les rudimens de sa fortune ou de sa gloire à venir. Les deux jeunes gens s'étaient donc abandonnés à cette admiration profonde dont les hommes instruits sont saisis à l'aspect des rives du Rhin et des paysages de la Souabe, entre Mayence et Cologne; nature forte, riche, puissamment accidentée, pleine de souvenirs féodaux, verdoyante, mais qui garde en tous lieux les empreintes du fer et du feu. Louis XIV et Turenne ont cautérisé cette ravissante contrée. Çà et là, des ruines attestent l'orgueil, ou peut-être la prévoyance du roi de Versailles qui fit abattre les admirables châteaux dont cette partie de l'Allemagne était jadis ornée. En voyant cette terre merveilleuse si féconde en sites, couverte de forêts, et où le pittoresque du moyen âge abonde, mais en ruines, vous concevez le génie allemand, ses rêveries et son mysticisme. Cependant le séjour des deux amis à Bonn avait un but de science et de plaisir tout à la fois. Le grand hôpital de l'armée gallo-batave et de la division d'Augereau était établi dans le palais même de l'électeur. Les sous-aides de fraîche date y avaient donc été voir des camarades, remettre des lettres de recommandation à leurs chefs, et s'y familiariser avec les premières impressions de leur métier. Mais aussi, là, comme ailleurs, ils dépouillèrent quelques-uns de ces préjugés exclusifs auxquels nous restons si long-temps fidèles en faveur des monumens et des beautés de notre pays natal. Surpris à l'aspect des colonnes de marbre dont le palais électoral est orné, ils allèrent admirant le grandiose des constructions allemandes, et trouvèrent à chaque pas de nouveaux trésors antiques ou modernes.

De temps en temps, les chemins dans lesquels erraient les deux amis en se dirigeant vers Andernach les amenaient sur le piton d'une montagne de granit plus élevée que les autres. Là, par une découpure de la forêt, par une anfractuosité des rochers, ils apercevaient quelque vue du Rhin encadrée dans le marbre ou festonnée par de vigoureuses végétations. Les vallées, les sentiers, les arbres exhalaient cette senteur automnale qui porte à la rêverie ; les cimes des bois commençaient à se dorer, à prendre des tons chauds et bruns, signes de vieillesse ; les feuilles tombaient, mais le ciel était encore d'un bel azur, et les chemins, secs, se dessinaient comme des lignes jaunes dans le paysage, alors éclairé par les obliques rayons du soleil couchant. A une demi-lieue d'Andernach, les deux amis marchèrent au milieu d'un profond silence, comme si la guerre ne dévastait pas ce beau pays, et suivirent un chemin pratiqué pour les chèvres à travers les hautes murailles de granit bleuâtre entre lesquelles le Rhin bouillonne. Bientôt ils descendirent un des versans de la gorge au fond de laquelle se trouve la petite ville, assise avec coquetterie au bord du fleuve, où elle offre un joli port aux mariniers.

— L'Allemagne est un bien beau pays, s'écria l'un des deux jeunes gens, nommé Prosper Magnan, à l'instant où il entrevit les maisons peintes d'Andernach, pressées comme des œufs dans un panier, séparées par des arbres, par des jardins et des fleurs. Puis il admira pendant un moment les toits pointus à solives saillantes, les escaliers de bois, les galeries de mille habitations paisibles, et les barques balancées par les flots dans le port. . . . .

PREMIÈRE INTERRUPTION.

Au moment où M. Hermann prononça le nom de Prosper Magnan, le fournisseur saisit la carafe, se versa de l'eau dans son verre, et le vida d'un trait.

Ce mouvement attira mon attention. Je crus remarquer un léger tremblement dans ses mains et de l'humidité sur le front du capitaliste.

— Comment se nomme l'ancien

fournisseur? demandai-je à ma complaisante voisine.

— Taillefer! me répondit-elle.

— Vous trouvez-vous indisposé? m'écriai-je en voyant pâlir ce singulier personnage.

— Nullement, dit-il en me remerciant par un geste de politesse. J'écoute, ajouta-t-il en faisant un signe de tête aux convives, qui le regardèrent tous simultanément.

— J'ai oublié, dit M. Hermann, le nom de l'autre jeune homme ; seulement, les confidences de Prosper Magnan m'ont appris que son compagnon était brun, assez maigre et jovial. Si vous me le permettez, je l'appellerai Wilhem, pour donner plus de clarté au récit de cette histoire.

Le bon Allemand reprit sa narration après avoir ainsi, sans respect pour le romantisme et la couleur locale, baptisé le sous-aide français d'un nom germanique.

CONTINUATION.

..... Au moment où les deux jeunes gens arrivèrent à Andernach, il était donc nuit close. Présumant qu'ils perdraient beaucoup de temps à trouver leurs chefs, à s'en faire reconnaître, à obtenir d'eux un gîte militaire dans une ville déjà pleine de soldats, ils avaient résolu de passer leur dernière nuit de liberté dans une auberge située à une centaine de pas d'Andernach, et dont ils avaient admiré, du haut des rochers, les riches couleurs embellies par les feux du soleil couchant. Entièrement peinte en rouge, cette auberge produisait un piquant effet dans le paysage, soit en se détachant sur la masse générale de la ville, soit en opposant son large rideau de pourpre à la verdure des différens feuillages, et sa teinte vive aux tons grisâtres de l'eau. Cette maison devait son nom à la décoration extérieure qui lui avait été sans doute imposée depuis un temps immémorial par le caprice de son fondateur. Une superstition mercantile assez naturelle aux différens possesseurs de ce logis, renommé parmi les mariniers du Rhin, en avait fait soigneusement conserver le costume.

En entendant le pas des chevaux,

le maître de *l'Auberge rouge* vint sur le seuil de la porte.

— Par Dieu, s'écria-t-il, messieurs, un peu plus tard vous auriez été forcés de coucher à la belle étoile, comme la plupart de vos compatriotes qui bivouaquent de l'autre côté d'Andernach. Chez moi, tout est occupé ! Si vous tenez à coucher dans un bon lit, je n'ai plus que ma propre chambre à vous offrir. Quant à vos chevaux, je vais leur faire mettre une litière dans un coin de la cour. Aujourd'hui, mon écurie est pleine de chrétiens.

—Ces messieurs viennent de France? reprit-il après une légère puase.

— De Bonn, s'écria Prosper. Et nous n'avons encore rien mangé depuis ce matin.

— Oh! quant aux vivres! dit l'aubergiste en hochant la tête. On vient de dix lieues à la ronde faire des noces à *l'Auberge rouge.* Vous allez avoir un festin de prince, le poisson du Rhin! c'est tout dire.

Après avoir confié leurs montures fatiguées aux soins de l'hôte, qui appelait assez inutilement ses valets, les sous-aides entrèrent dans la salle commune de l'auberge. Les nuages épais et blanchâtres exhalés par une nombreuse assemblée de fumeurs ne leur permirent pas de distinguer d'abord les gens avec lesquels ils allaient se trouver; mais lorsqu'ils se furent assis près d'une table, avec la patience pratique de ces voyageurs philosophes qui ont reconnu l'inutilité du bruit, ils démêlèrent, à travers les vapeurs du tabac, les accessoires obligés d'une auberge allemande : le poêle, l'horloge, les tables, les pots de bière, les longues pipes; çà et là, des figures hétéroclites, juives, allemandes; puis les visages rudes de quelques mariniers. Les épaulettes de plusieurs officiers français étincelaient dans ce brouillard, et le cliquetis des éperons et des sabres retentissait incessamment sur le carreau. Les uns jouaient aux cartes, d'autres se disputaient, se taisaient, mangeaient, buvaient ou se promenaient. Une grosse petite femme, ayant le bonnet de velours noir, la pièce d'estomac bleu et argent, la pelotte, le trousseau de clefs, l'agrafe d'argent, les cheveux tressés, marques distinctives de toutes les maîtresses d'auberges allemandes, et dont le costume est, d'ailleurs, si exactement colorié dans une foule d'estampes, qu'il est trop vulgaire pour être décrit, la femme de l'aubergiste donc, fit patienter et impatienter les deux amis avec une habileté fort remarquable. Insensiblement le bruit diminua, les voyageurs se retirèrent, et le nuage de fumée se dissipa. Lorsque le couvert des sous-aides fut mis, que la classique carpe du Rhin parut sur la table, onze heures sonnaient, et la salle était vide. Le silence de la nuit laissait entendre vaguement, et le bruit que faisaient les chevaux en mangeant leur provende ou en piaffant, et le murmure des eaux du Rhin, et ces espèces de rumeurs indéfinissables qui animent une auberge pleine quand chacun s'y couche. Les portes et les fenêtres s'ouvraient et se fermaient, des voix mur-

muraient de vagues paroles, et quelques interpellations retentissaient dans les chambres. En ce moment de silence et de tumulte, les deux Français, et l'hôte occupé à leur vanter Andernach, le repas, son vin du Rhin, l'armée républicaine et sa femme, écoutèrent avec une sorte d'intérêt les cris rauques de quelques mariniers et les bruissemens d'un bateau qui abordait au port. L'aubergiste, familiarisé sans doute avec les interrogations gutturales de ces bateliers, sortit préciptamment, et revint bientôt. Il ramena un gros petit homme derrière lequel marchaient deux mariniers portant une lourde valise et quelques ballots. Ses paquets déposés dans la salle, le petit homme prit lui-même sa valise et la garda près de lui, en s'asseyant sans cérémonie à table devant les deux sous-aides.

— Allez coucher à votre bateau, dit-il aux mariniers, puisque l'auberge est pleine. Tout bien considéré, cela vaudra mieux.

— Monsieur, dit l'hôte au nouvel arrivé, voilà tout ce qui me reste de provisions. Et il montrait le souper servi aux deux Français. — Je n'ai pas une croute de pain, pas un un os.

— Et de la choucroute?

— Pas de quoi mettre dans le dé de ma femme! Comme j'ai eu l'honneur de vous le dire, vous ne pouvez avoir d'autre lit que la chaise sur laquelle vous êtes, et d'autre chambre que cette salle.

A ces mots, le petit homme jeta

sur l'hôte, sur la salle et sur les deux Français, un regard où la prudence et l'effroi se peignirent également.

— Ici je dois vous faire observer, dit M. Hermann en s'interrompant, que nous n'avons jamais su ni le véritable nom ni l'histoire de cet inconnu ; seulement, ses papiers ont appris qu'il venait d'Aix-la-Chapelle ; il avait pris le nom de Walhenfer, et possédait aux environs de Neuwied une manufacture d'épingles assez considérable. Comme tous les fabricans de ce pays, il portait une redingote de drap commun, une culotte et un gilet en velours vert foncé, des bottes et une large ceinture de cuir. Sa figure était toute ronde, ses manières franches et cordiales; mais pendant cette soirée il lui fut très-difficile de déguiser entièrement des appréhensions secrètes ou peut-être de cruels soucis. L'opinion de l'aubergiste a toujours été que ce négociant allemand fuyait son pays. Plus tard, j'ai su que sa fabrique avait été brûlée par un de ces hasards malheureusement si fréquens en temps de guerre. Malgré son expression généralement soucieuse, sa physionomie annonçait une grande bonhomie. Il avait de beaux traits, et surtout un large cou dont sa cravate noire faisait si bien ressortir la blancheur, que Wilhem le montra par raillerie à Prosper......

Ici, M. Taillefer but un verre d'eau.

Prosper offrit avec courtoisie au négociant de partager leur souper, et Wahlenfer accepta sans façon, comme un homme qui se sentait en mesure de reconnaître cette politesse. Il coucha sa valise à terre, mit ses pieds dessus, ôta son chapeau, s'attabla, se débarrassa de ses gants et de deux pistolets qu'il avait à sa ceinture. L'hôte lui ayant promptement donné un couvert, les trois convives commencèrent à satisfaire assez silencieusement leur appétit. L'atmosphère de la salle était si chaude et les mouches si nombreuses, que Prosper pria l'hôte d'ouvrir la croisée qui donnait sur la porte, afin de renouveler l'air. Cette fenêtre était barricadée par une barre de fer dont les deux bouts entraient dans des trous pratiqués aux deux coins de l'embrasure. Pour plus de sécurité, deux écrous, attachés à chacun des volets, recevaient deux vis. Par hasard, Prosper examina la manière dont l'hôte s'y prenait pour ouvrir la fenêtre.

— Mais, puisque je vous parle des localités, nous dit M. Hermann, je dois vous dépeindre les dispositions intérieures de l'auberge; car, de la connaissance exacte des lieux, dépend l'intérêt de cette histoire. La salle où se trouvaient les trois personnages dont je vous parle, avait deux portes de sortie. L'une donnait sur le chemin d'Andernach qui longe le Rhin. Là, devant l'auberge, se trouvait naturellement un petit débarcadère où le bateau, loué par le négociant pour son voyage, était amarré. L'autre porte avait sa sortie sur la cour de l'auberge. Cette cour était entourée de murs très-élevés, et remplie, pour le moment, de bestiaux et de chevaux, les écuries étant pleines de monde. La grande porte venait d'être si soigneusement barricadée que, pour plus de promptitude, l'hôte avait fait entrer le négociant et les mariniers par la porte de la salle qui donnait sur la rue. Après avoir ouvert la fenêtre, selon le désir de Prosper Magnan, il se mit à fermer cette porte, glissa les barres dans leurs trous, et vissa les écrous. La chambre de l'hôte où devaient coucher les deux sous-aides était contiguë à la salle commune, et se trouvait séparée par un mur assez léger de la cuisine, où l'hôtesse et son mari devaient probablement passer la nuit. La servante venait de sortir, et d'aller chercher son gîte dans quelque crèche, dans le coin d'un grenier, ou partout ailleurs. Il est facile de comprendre que la salle commune, la chambre de l'hôte et la cuisine, étaient en quelque sorte isolées du reste de l'auberge. Il y avait dans la cour deux gros chiens, dont les aboiemens graves annonçaient des gardiens vigilans et très-irritables.

— Quel silence et quelle belle nuit! dit Wilhem en regardant le ciel, lorsque l'hôte eut fini de fermer la porte.

Alors le clapotis des flots était le seul bruit qui se fît entendre.

— Messieurs, dit le négociant aux deux Français, permettez-moi de vous offrir quelques bouteilles de vin pour arroser votre carpe. Nous nous délasserons de la fatigue de la journée en buvant. A votre air et à l'état de vos vêtemens, je vois que, comme moi, vous avez fait bien du chemin aujourd'hui.

Les deux amis acceptèrent, et l'hôte sortit par la porte de la cuisine pour aller à sa cave, sans doute située sous cette partie du bâtiment. Lorsque cinq vénérables bouteilles, apportées par l'aubergiste, furent sur la table, sa femme achevait de servir le repas. Elle donna à la salle et aux mets son coup-d'œil de maîtresse de maison; puis, certaine d'avoir prévenu toutes les exigences des voyageurs, elle rentra dans la cuisine. Les quatre convives, car l'hôte fut invité à boire, ne l'entendirent pas se coucher; mais, plus tard, pendant les intervalles de silence qui séparèrent les causeries des buveurs, quelques ronflemens très-accentués, rendus encore plus sonores par les planches creuses de la soupente où elle s'était nichée, firent sourire les amis, et surtout l'hôte. Vers minuit, lorsqu'il n'y eut plus sur la table que des biscuits, du fromage, des fruits secs et du bon vin, les convives, principalement les deux jeunes Français, devinrent communicatifs. Ils parlèrent de leur pays, de leurs études, de la guerre. Enfin, la conversation s'anima. Prosper Magnan fit venir quelques larmes dans les yeux du négociant fugitif, quand, avec cette franchise picarde et la naïveté d'une nature bonne et tendre, il supposa ce que devait faire sa mère au moment où il se trouvait, lui, sur les bords du Rhin.

— Je la vois, disait-il, lisant sa prière du soir avant de se coucher! Elle ne m'oublie certes pas, et doit se demander : — Où est-il, mon pauvre Prosper? Mais si elle a gagné au jeu quelques sous à sa voisine, — à ta mère, peut-être, ajouta-t-il en poussant le coude de Wilhem, elle va les mettre dans le grand pot de terre rouge où elle amasse la somme nécessaire à l'acquisition des trente arpens enclavés dans son petit domaine de Lescheville. Ces trente arpens valent bien environ soixante mille francs. Ce sont de bonnes prairies. Ah! si je les avais un jour, je vivrais toute ma vie à Lescheville, sans ambition! Combien de fois mon père a-t-il désiré ces trente arpens et le jolie ruisseau qui serpente dans ces prés-là! Enfin, il est mort sans pouvoir les acheter. J'y ai bien souvent joué!

— Monsieur Walhenfer, n'avez-vous pas aussi votre *hoc erat in votis;* demanda Wilhem.

— Oui, monsieur, oui! mais il était tout venu, et, maintenant... Le bonhomme garda le silence, sans achever sa phrase.

— Moi, dit l'hôte, dont le visage s'était légèrement empourpré, j'ai, l'année dernière, acheté un clos que je désirais avoir depuis dix ans.

Ils causèrent ainsi en gens dont la

langue était déliée par le vin, et prirent les uns pour les autres cette amitié passagère dont nous sommes peu avares en voyage, en sorte qu'au moment où ils allèrent se coucher, Wilhem offrit son lit au négociant.

— Vous pouvez d'autant mieux l'accepter, lui dit-il, que je puis coucher avec Prosper. Ce ne sera, certes, ni la première ni la dernière fois, Vous êtes notre doyen, nous devons honorer la vieillesse!

— Bah! dit l'hôte, le lit de ma femme a plusieurs matelas, vous en mettrez un par terre.

Et il alla fermer la croisée, en faisant le bruit que comportait cette prudente opération.

— J'accepte, dit le négociant. J'avoue, ajouta-t-il en baissant la voix et regardant les deux amis, que je le désirais. Mes bateliers me semblent suspects. Pour cette nuit, je ne suis pas fâché d'être en compagnie de deux braves et bons jeunes gens, de deux militaires français! J'ai cent mille francs en or et en diamans dans ma valise!

L'affectueuse réserve avec laquelle cette imprudente confidence fut reçue par les deux jeunes gens rassura le bon allemand. L'hôte aida ses voyageurs à défaire un des lits. Puis, quand tout fut arrangé pour le mieux, il leur souhaita le bonsoir et alla se coucher. Le négociant et les deux sous-aides plaisantèrent sur la nature de leurs oreillers. Prosper mettait sa trousse d'instrumens et celle de Wilhem sous son matelas, afin de l'exhausser et de remplacer le traversin qui lui manquait, au moment où, par un excès de prudence, Walhenfer plaçait sa valise sous son chevet.

— Nous dormirons tous deux sous notre fortune : vous, sur votre or; moi sur ma trousse ! Reste à savoir si mes instrumens me vaudront autant d'or que vous en avez acquis.

— Vous pouvez l'espérer, dit le négociant. Le travail et la probité viennent à bout de tout, mais ayez de la patience.

Bientôt Walhenfer et Wilhem s'endormirent. Soit que son lit fût trop dur, soit que son extrême fatigue fût une cause d'insomnie, soit par une fatale disposition d'âme, Prosper Magnan resta éveillé. Ses pensées prirent insensiblement une mauvaise pente. Il songea très-exclusivement aux cent mille francs sur lesquels dormait le négociant. Pour lui, cent mille francs étaient une immense fortune toute venue. Il commença par les employer de mille manières différentes, en faisant des châteaux en Espagne, comme nous en faisons tous avec tant de bonheur pendant le moment qui précède notre sommeil, à cette heure où les images naissent confuses dans notre entendement, et où souvent, par le silence de la nuit, la pensée acquiert une puissance magique. Il comblait les vœux de sa mère, il achetait les trente arpens de prairie, il 'épousait une demoiselle de Beauvais, à laquelle la disproportion de leurs fortunes lui défendait d'aspirer en ce moment. Il s'arrangeait avec cette somme toute une vie de délices, et se voyait heureux, père de famille, riche, considéré dans sa province, et peut-être maire de Beauvais. Sa tête picarde s'enflammant, il chercha les moyens de changer ses fictions en réalités. Il mit une chaleur extraordinaire à combiner un crime en théorie. Tout en rêvant la mort du négociant, il voyait distinctement l'or et les diamans. Il en avait les yeux éblouis. Son cœur palpitait. La délibération était déjà sans doute un crime. Fasciné par cette masse d'or, il s'enivra moralement par des raisonnemens assassins. Il se demanda si ce pauvre Allemand avait bien besoin de vivre, et supposa qu'il n'avait jamais existé. Bref, il conçut le crime de manière à en assurer l'impunité. L'autre rive du Rhin était occupée par les Autrichiens; il y avait au bas des fenêtres une barque et des bateliers; il pouvait couper le cou de cet homme, le jeter dans le Rhin, se sauver par la croisée avec la valise, offrir de l'or aux mariniers, et passer en Autriche. Il alla jusqu'à calculer le degré d'adresse qu'il avait su acquérir en se servant de ses instrumens de chirurgie, afin de trancher la tête de sa victime de manière à ce qu'elle ne poussât pas un seul cri...

Là M. Taillefer s'essuya le front et but encore un peu d'eau.

Prosper se leva lentement et sans

faire aucun bruit. Certain de n'avoir réveillé personne, il s'habilla, se rendit dans la salle commune; puis, avec cette fatale intelligence que l'homme trouve soudainement en lui, avec cette puissance de tact et de volonté qui ne manque jamais ni aux prisonniers ni aux criminels dans l'accomplissement de leurs projets, il dévissa les barres de fer, les sortit de leurs trous sans faire le plus léger bruit, les plaça près du mur, et ouvrit les volets en pesant sur les gonds afin d'en assourdir les grincemens. La lune ayant jeté sa pâle clarté sur cette scène, lui permit de voir faiblement les objets dans la chambre où dormaient Wilhem et Walhenfer. Là, il m'a dit s'être un moment arrêté. Les palpitations de son cœur étaient si fortes, si profondes, si sonores, qu'il en avait été comme épouvanté. Puis il craignait de ne pouvoir agir avec sang-froid; ses mains tremblaient, et la plante de ses pieds lui paraissait appuyée sur des charbons ardens. Mais l'exécution de son dessein était accompagnée de tant de bonheur qu'il vit une espèce de prédestination dans cette faveur du sort. Il ouvrit la fenêtre, revint dans la chambre, prit sa trousse, y chercha l'instrument le plus convenable pour achever son crime.

— Quand j'arrivai près du lit, me dit-il, je me recommandai machinalement à Dieu.

Au moment où il levait le bras en rassemblant toute sa force, il entendit en lui comme une voix, et crut apercevoir une lumière. Il jeta l'instrument sur son lit, se sauva dans l'autre pièce, et vint se placer à la fenêtre. Là, il conçut la plus profonde horreur pour lui-même; et sentant néanmoins sa vertu faible, craignant encore de succomber à la fascination à laquelle il était en proie, il sauta vivement sur le chemin et se promena le long du Rhin, en faisant pour ainsi dire sentinelle devant l'auberge. Souvent il atteignait Andernach dans sa promenade précipitée; souvent aussi ses pas le conduisaient au versant par lequel il était descendu pour arriver à l'auberge; mais le silence de la nuit était si profond, il se fiait si bien sur les chiens de garde, que, parfois, il perdit de vue la fenêtre qu'il avait laissée ouverte. Son but était de se lasser et d'appéler le sommeil. Cependant, en marchant ainsi sous un ciel sans nuages, dont il admira les belles étoiles, frappé peut-être aussi par l'air pur de la nuit et par le bruissement mélancolique des flots, il tomba dans une rêverie qui le ramena par degrés à de saines idées de morale. La raison finit par dissiper complètement sa frénésie momentanée. Les enseignemens de son éducation, les préceptes religieux, et surtout, m'a-t-il dit, les images de la vie modeste qu'il avait jusqu'alors menée sous le toit paternel, triomphèrent de ses mauvaises pensées. Quand il revint, après une longue méditation au charme de laquelle il s'était abandonné sur le bord du Rhin, en restant accoudé sur une grosse pierre, il aurait pu, m'a-t-il dit, non pas dormir, mais veiller près d'un milliard en or. Au moment où sa probité se releva fière et forte de ce combat, il se mit à genoux dans un sentiment d'extase et de bonheur, remercia Dieu, se trouva heureux, léger, content, comme au jour de sa première communion, où il s'était cru digne des anges, parce qu'il avait passé la journée sans pécher ni en paroles, ni en actions, ni en pensée. Il revint à l'auberge, ferma la fenêtre sans craindre de faire du bruit, et se mit au lit sur-le-champ. Sa lassitude morale et physique le livra sans défense au sommeil. Peu de temps après avoir posé sa tête sur son matelas, il tomba dans cette somnolence première et fantastique qui précède toujours un profond sommeil. Alors les sens s'engourdissent, et la vie s'abolit graduellement; les pensées sont incomplètes, et les derniers tressaillemens de nos sens simulent une sorte de rêverie.

— Comme l'air est lourd, se dit Prosper. Il me semble que je respire une vapeur humide, ou les exhalaisons d'une eau chaude.

Il s'expliqua vaguement cet effet de l'atmosphère par la différence qui devait exister entre la température de la chambre et l'air pur de la campagne. Mais il entendit bientôt un bruit périodique assez semblable à celui que font les gouttes d'eau d'une fontaine en tombant du robinet. Obéissant à une terreur panique, il voulut se lever et appeler l'hôte, réveiller le négociant ou Wilhem; mais il se souvint alors, pour son malheur, de l'horloge de bois; et, croyant reconnaître le mouvement du balancier, il s'endormit dans cette indistincte et confuse perception. . . . .

DEUXIÈME INTERRUPTION.

— Voulez-vous de l'eau, monsieur Taillefer? dit le maître de la maison, en voyant le banquier prendre machinalement la carafe.

Elle était vide.

LES DEUX CRIMES.

II.

M. Hermann continua son récit, après la légère pause occasionnée par l'observation du banquier.

— Le lendemain matin, dit-il, Prosper Magnan fut réveillé par un grand bruit. Il lui semblait avoir entendu des cris perçans, et il ressentait ce violent tressaillement de nerfs dont nous subissons l'âcre douleur lorsque nous achevons, au réveil, une sensation pénible commencée pendant notre sommeil. Il s'accomplit en nous un fait physiologique, un sursaut, pour me servir de l'expression vulgaire, qui n'a pas encore été suffisamment observé, quoiqu'il contienne des phénomènes curieux pour la science. Cette terrible angoisse, produite peut-être par une réunion trop subite de nos deux natures, presque toujours séparées pendant le sommeil, est ordinairement rapide; mais elle persista chez le pauvre sous-aide, s'accrut même tout à coup, et lui causa la plus affreuse horripilation, quand il aperçut une mare de sang entre son matelas et le lit de Walhenfer. La tête du pauvre Allemand gisait à terre, le corps était resté dans le lit. Tout le sang avait jailli par le cou. En voyant les yeux encore ouverts et fixes, en voyant le sang qui avait taché ses draps et même ses mains, en reconnaissant son instrument de chirurgie sur le lit, Prosper Magnan s'évanouit, et tomba dans le sang de Walhenfer.

— C'était déjà, m'a-t-il dit, une punition de mes pensées.

Quand il reprit connaissance, il se trouva dans la salle commune. Il était assis sur une chaise, environné de soldats français et devant une foule attentive et curieuse. Il regarda stupidement un officier républicain occupé à recueillir les dépositions de quelques témoins, et à rédiger sans doute un procès-verbal. Il reconnut l'hôte, sa femme, les deux mariniers et la servante de l'auberge.

L'instrument de chirurgie dont s'était servi l'assassin.....

TROISIÈME INTERRUPTION.

Ici M. Taillefer toussa, tira son mouchoir de poche pour se moucher, et s'essuya le front. Ces mouvemens assez naturels ne furent remarqués que par moi ; tous les convives avaient les yeux attachés sur M. Hermann, et l'écoutaient avec une sorte d'avidité.

Le fournisseur appuya son coude sur la table, mit sa tête dans sa main droite, et regarda fixement M. Hermann. Dès-lors il ne laissa plus échapper aucune marque d'émotion ni d'intérêt; mais sa physionomie resta pensive et terreuse, comme au moment où il avait joué avec le bouchon de la carafe.

CONTINUATION.

...... L'instrument de chirurgie dont s'était servi l'assassin se trouvait sur la table avec la trousse, le portefeuille et les papiers de Prosper. Les regards de l'assemblée se dirigeaient alternativement sur ces pièces de conviction et sur le jeune homme, qui paraissait mourant, et dont les yeux éteints semblaient ne rien voir. La rumeur confuse qui se faisait entendre au-dehors accusait la présence de la foule attirée devant l'auberge par la nouvelle du crime, et peut-être aussi par le désir de connaître l'assassin. Le pas des sentinelles placées sous les fenêtres de la salle, le bruit de leurs fusils dominaient le murmure des conversations populaires; mais l'auberge était fermée, la cour était vide et silencieuse. Incapable de soutenir le regard de l'officier qui verbalisait, Prosper Magnan se sentit la main pressée par un homme, et leva les yeux pour voir quel était son protecteur parmi cette foule ennemie. Il reconnut, à l'uniforme, le chirurgien-major de la demi-brigade cantonnée à Andernach. Le regard de cet homme était si perçant, si sévère, que le pauvre jeune homme en frissonna, et laissa aller sa tête sur le dos de la chaise. Un soldat lui fit respirer du vinaigre, et il reprit aussitôt connaissance. Cependant, ses yeux hagards parurent tellement privés de vie et d'intelligence, que le chirurgien dit à l'officier, après avoir tâté le pouls de Prosper : — Capitaine, il est impossible d'interroger cet homme-là dans ce moment-ci.

— Eh bien ! emmenez-le, répondit le capitaine en interrompant le chirurgien et en s'adressant à un caporal qui se trouvait derrière le sous-aide.

—Sacré lâche, lui dit à voix basse le soldat, tâche au moins de marcher ferme devant ces mâtins d'Allemands, afin de sauver l'honneur de la république.

Cette interpellation réveilla Prosper Magnan, qui se leva, fit quelques pas ; mais lorsque la porte s'ouvrit, qu'il se sentit frappé par l'air extérieur, et qu'il vit entrer la foule, ses forces l'abandonnèrent, ses genoux fléchirent, il chancela.

— Ce tonnerre de carabin-là mérite deux fois la mort ! Marche donc ! dirent les deux soldats qui lui prêtaient le secours de leurs bras afin de le soutenir.

— Oh ! le lâche ! le lâche ! C'est lui ! c'est lui ! le voilà ! le voilà !

Ces mots lui semblaient dits par une seule voix, la voix tumultueuse de la foule qui l'accompagnait en l'injuriant, et grossissait à chaque pas. Pendant le trajet de l'auberge à la prison, le tapage que le peuple et les soldats faisaient en marchant, le murmure des différens colloques, la vue du ciel et la fraîcheur de l'air, l'aspect d'Andernach et le frissonnement des eaux du Rhin, ces impressions arrivaient à l'âme du sous-aide, vagues, confuses, ternes comme toutes les sensations qu'il avait éprouvées depuis son réveil. Par momens il croyait, m'a-t-il dit, ne plus exister.

— J'étais alors en prison, dit M. Hermann en s'interrompant. Enthousiaste comme nous le sommes tous à vingt ans, j'avais voulu défendre mon pays, et commandais une compagnie franche que j'avais organisée aux environs d'Andernach. Quelques jours auparavant j'étais tombé pendant la nuit au milieu d'un détachement français composé de huit cents hommes.

Nous étions tout au plus deux cents. Mes espions m'avaient vendu. Je fus jeté dans la prison d'Andernach. Il s'agissait alors de me fusiller, pour faire un exemple qui intimidât le pays. Les Français parlaient aussi de représailles, mais le meurtre dont les républicains voulaient tirer vengeance sur moi ne s'était pas commis dans l'Électorat. Mon père avait obtenu un sursis de trois jours, afin de pouvoir aller demander ma grâce au général Augereau, qui la lui accorda. Je vis donc Prosper Magnan au moment où il entra dans la prison d'Andernach, et il m'inspira la plus profonde pitié. Quoiqu'il fût pâle, défait, taché de sang, sa physionomie avait un caractère de candeur et d'innocence qui me frappa vivement. Pour moi, l'Allemagne respirait dans ses longs cheveux blonds, dans ses yeux bleus. Véritable image de mon pays défaillant, il m'apparut comme une victime et non comme un meurtrier. Au moment où il passa sous ma fenêtre, il jeta, je ne sais où, le sourire amer et mélancolique d'un aliéné qui retrouve une fugitive lueur de raison. Ce sourire n'était certes pas celui d'un assassin. Quand je vis le geôlier, je le questionnai sur son nouveau prisonnier.

— Il n'a pas parlé depuis qu'il est dans son cachot. Il s'est assis, a mis sa tête entre ses mains, et dort ou réfléchit à son affaire. A entendre les Français, il aura son compte demain matin, et sera fusillé dans les vingt-quatre heures.

Je demeurai le soir sous la fenêtre

du prisonnier, pendant le court instant qui m'était accordé pour faire une promenade dans la cour de la prison. Nous causâmes ensemble, et il me raconta naïvement son aventure, en répondant avec assez de justesse à mes différentes questions. Après cette première conversation, je ne doutai plus de son innocence. Je demandai, j'obtins la faveur de rester quelques heures près de lui. Je le vis donc à plusieurs reprises, et le pauvre enfant m'initia sans détour à toutes ses pensées. Il se croyait à la fois innocent et coupable. Se souvenant de l'horrible tentation à laquelle il avait eu la force de résister, il craignait d'avoir accompli, pendant son sommeil et dans un accès de somnambulisme, le crime qu'il rêvait, éveillé.

— Mais votre compagnon? lui dis-je.

— Oh! s'écria-t-il avec feu, Wilhem est incapable... Il n'acheva même pas.

A cette parole chaleureuse, pleine de jeunesse et de vertu, je lui serrai la main.

— A son réveil, reprit-il, il aura sans doute été épouvanté, il aura perdu la tête, il se sera sauvé.

— Sans vous éveiller, lui dis-je. Mais alors votre défense sera facile, car la valise de Walhenfer n'aura pas été volée.

Tout à coup il fondit en larmes.

— Oh! oui, je suis innocent, s'écria-t-il. Je n'ai pas tué. Je me souviens de mes songes. Je jouais aux barres avec mes camarades de collége. Je n'ai pas dû couper la tête de ce négociant, en rêvant que je courais.

Puis, malgré les lueurs d'espoir qui parfois lui rendirent un peu de calme, il se sentait toujours écrasé par un remords. Il avait bien certainement levé le bras pour trancher la tête du négociant. Il se faisait justice, et ne se trouvait pas le cœur pur, après avoir commis le crime dans sa pensée.

— Et cependant! je suis bon! s'écriait-il. O ma pauvre mère! Peut-être en ce moment joue-t-elle gaîment à l'impériale avec ses voisines dans son petit salon de tapisserie. Si elle savait que j'ai seulement levé la main pour assassiner un homme... oh! elle mourrait! Et je suis en prison, accusé d'avoir commis un crime. Si je n'ai pas tué cet homme, je tuerai certainement ma mère!

A ces mots il ne pleura pas; mais, animé de cette fureur courte et vive assez familière aux Picards, il s'élança vers la muraille, et, si je ne l'avais retenu, il s'y serait brisé la tête.

— Attendez votre jugement, lui dis-je. Vous serez acquitté, vous êtes innocent. Et votre mère...

— Ma mère, s'écria-t-il avec fureur, elle apprendra mon accusation avant tout. Dans les petites villes, cela se fait ainsi, la pauvre femme en mourra de chagrin. D'ailleurs, je ne suis pas innocent. Voulez-vous savoir toute la vérité? Je sens que j'ai perdu la virginité de ma conscience.

Après ce terrible mot, il s'assit, se croisa les bras sur la poitrine, inclina la tête, et regarda la terre d'un air sombre. En ce moment, le porte-clefs vint

me prier de rentrer dans ma chambre;
mais, fâché d'abandonner mon compagnon en un instant où son découragement me paraissait si profond, je le serrai dans mes bras avec amitié.

— Prenez patience, lui dis-je, tout ira bien, peut-être. Si la voix d'un honnête homme peut faire taire vos doutes, apprenez que je vous estime et vous aime. Acceptez mon amitié, et dormez sur mon cœur, si vous n'êtes pas en paix avec le vôtre.

Le lendemain, un caporal et quatre fusiliers vinrent le chercher vers neuf heures. En entendant le bruit que firent les soldats, je me mis à ma fenêtre. Lorsque le jeune homme traversa la cour, il jeta les yeux sur moi. Jamais je n'oublierai ce regard plein de pensées, de pressentimens, de résignation, et de je ne sais quelle grâce triste et mélancolique. Ce fut une espèce de testament silencieux et intelligible par lequel un ami léguait sa vie perdue à son dernier ami. La nuit avait sans doute été bien dure, bien solitaire pour lui ; mais aussi peut-être la pâleur empreinte sur son visage accusait-elle un stoïcisme puisé dans une nouvelle estime de lui-même. Peut-être s'était-il purifié par un remords, et croyait-il laver sa faute dans sa douleur et dans sa honte. Il marchait d'un pas ferme ; et, dès le matin, il avait fait disparaître les taches de sang dont il s'était involontairement souillé.

— Mes mains y ont fatalement trempé pendant que je dormais, car mon sommeil est toujours très-agité, m'avait-il dit la veille, avec un horrible accent de désespoir.

J'appris qu'il allait comparaître devant un conseil de guerre. La division devait, le surlendemain, se porter en avant, et le chef de demi-brigade ne voulait pas quitter Andernach san faire justice du crime sur les lieu mêmes où il avait été commis... Je restai dans une mortelle angoisse pendant le temps que dura ce conseil. Enfin, vers midi, Prosper Magnan fut ramené en prison. Je faisais en ce moment ma promenade accoutumée; il m'aperçut, et vint se jeter dans mes bras.

— Perdu, me dit-il. Je suis perdu sans espoir! Ici, pour tout le monde, je serai donc un assassin. Il releva la tête avec fierté. — Cette injustice m'a rendu tout entier à mon innocence. Ma vie aurait toujours été troublée, ma mort sera sans reproche. Mais, y a-t-il un avenir?

Tout le dix-huitième siècle était dans cette interrogation soudaine. Il resta pensif.

— Enfin, lui dis-je, comment avez-vous répondu? que vous a-t-on demandé? n'avez-vous pas dit naïvement le fait comme vous me l'avez raconté?

Il me regarda fixement pendant un moment; puis, après cette pause effrayante, il me répondit avec une fiévreuse vivacité de paroles : — Ils m'ont demandé d'abord : « —Êtes-vous sorti de l'auberge pendant la nuit? » J'ai dit : —Oui. — «Par où?» J'ai rougi, et j'ai répondu : — Par la fenêtre. — «Vous l'aviez donc ouverte ? » — Oui ! ai-je dit. « — Vous y avez mis bien de la précaution. L'aubergiste n'a rien entendu ! » Je suis resté stupéfait. Les mariniers ont déclaré m'avoir vu me promenant, allant tantôt à Andernach, tantôt vers la forêt. — J'ai fait, disent-ils, plusieurs voyages. J'ai enterré l'or et les diamans. Enfin, la valise ne s'est pas retrouvée ! Puis j'étais toujours en guerre avec mes remords. Quand je voulais parler : « Tu as voulu commettre le crime ! » me criait une voix impitoyable. Tout était contre moi, même moi !... Ils m'ont questionné sur mon camarade, et je l'ai complètement défendu. Alors ils m'ont dit : « — Nous devons trouver un coupable entre vous, votre camarade, l'aubergiste et sa femme ? Ce matin, toutes les fenêtres et les portes se sont trouvées fermées ! » — A cette observation, reprit-il, je suis resté sans voix, sans force, sans âme. Plus sûr de mon ami que de moi-même, je ne pouvais l'accuser. J'ai compris que nous étions regardés tous deux comme également complices de l'assassinat, et que je passais pour le plus maladroit ! J'ai voulu expliquer le crime par le somnambulisme, et justifier mon ami; alors j'ai divagué. Je suis perdu. J'ai lu ma condamnation dans les yeux de mes juges. Ils ont laissé échapper des sourires d'incrédulité. Tout est dit. Plus d'incertitude. Demain je serai fusillé. — Je ne pense plus à moi, reprit-il, mais à ma pauvre mère!

Il s'arrêta, regarda le ciel, et ne

versa pas de larmes. Ses yeux étaient secs et fortement convulsés.

— Frédéric!

QUATRIÈME INTERRUPTION.

— Ah! l'autre se nommait Frédéric, Frédéric! Oui, c'est bien là le nom! s'écria M. Hermann d'un air de triomphe.

Ma voisine me poussa le pied, et me fit un signe en me montrant M. Taillefer. L'ancien fournisseur avait négligemment laissé tomber sa main sur ses yeux; mais, entre les intervalles de ses doigts, nous crûmes voir une flamme sombre dans son regard.

— Hein? me dit-elle à l'oreille. S'il se nommait Frédéric.

Je répondis en la guignant de l'œil, comme pour lui dire : « Silence! »

CONTINUATION.

M. Hermann reprit ainsi :
— Frédéric, s'écria le sous-aide, Frédéric m'a lâchement abandonné. Il aura eu peur. Peut-être se sera-t-il caché dans l'auberge, car nos deux chevaux étaient encore le matin dans la cour. — Quel incompréhensible mystère, ajouta-t-il après un moment de silence. Le somnambulisme, le somnambulisme ! Je n'en ai eu qu'un

seul accès dans ma vie, et encore à l'âge de six ans. — M'en irai-je d'ici, reprit-il, frappant du pied sur la terre, en emportant tout ce qu'il y a d'amitié dans le monde ? Mourrai-je donc deux fois en doutant d'une fraternité commencée à l'âge de cinq ans, et continuée au collége, aux écoles! Où est Frédéric?

Il pleura. Nous tenons donc plus à un sentiment qu'à la vie.

— Rentrons, me dit-il, je préfère être dans mon cachot. Je ne voudrais pas qu'on me vît pleurant. J'irai courageusement à la mort, mais je ne sais pas faire de l'héroïsme à contre-temps, et j'avoue que je regrette ma jeune et belle vie. Pendant cette nuit je n'ai pas dormi; je me suis rappelé les scènes de mon enfance, et me suis vu courant dans ces prairies dont le souvenir a peut-être causé ma perte. — J'avais de l'avenir, me dit-il en s'interrompant. Douze hommes; un sous-lieutenant qui criera : — Portez armes, en joue, feu! un roulement de tambours; et l'infamie! voilà mon avenir maintenant. Oh! il y a un Dieu, ou tout cela serait par trop niais.

Alors il me prit et me serra dans ses bras en m'étreignant avec force.

— Ah! vous êtes le dernier homme avec lequel j'aurai pu épancher mon âme. Vous serez libre, vous! vous verrez votre mère! Je ne sais si vous êtes riche ou pauvre, mais qu'importe! vous êtes le monde entier pour moi. Ils ne se battront pas toujours, ceux-ci. Eh bien! quand ils seront en paix, allez à Beauvais. Si ma mère survit à la fatale nouvelle de ma mort, vous l'y trouverez. Dites-lui ces consolantes paroles : — Il était innocent! — Elle vous croira, reprit-il. Je vais lui écrire; mais vous lui porterez mon dernier regard, vous lui direz que je vous êtes le dernier homme que j'aurai embrassé. Ah! combien elle vous aimera, la pauvre femme! vous qui aurez été mon dernier ami. — Ici, dit-il après un moment de silence pendant lequel il resta comme accablé sous le poids de ses souvenirs, chefs et soldats me sont inconnus, et je leur fais horreur à tous. Sans vous, mon innocence serait un secret entre le ciel et moi.

Je lui jurai d'accomplir saintement ses dernières volontés. Mes paroles, mon effusion de cœur, le touchèrent.

Peu de temps après, les soldats revinrent le chercher et le ramenèrent au conseil de guerre. Il était condamné. J'ignore les formalités qui devaient suivre ou accompagner ce premier jugement, je ne sais pas si le jeune chirurgien défendit sa vie dans toutes les règles; mais il s'attendait à marcher au supplice le lendemain matin, et passa la nuit à écrire à sa mère.

— Nous serons libres tous deux, me dit-il en souriant, quand je l'allai voir le lendemain; j'ai appris que le général a signé votre grâce.

Je restai silencieux, et le regardai pour bien graver ses traits dans ma mémoire. Alors, il prit une expression de dégoût, et me dit : — J'ai été tristement lâche! J'ai, pendant toute la nuit, demandé ma grâce à ces murailles. Et il me montrait les murs de son cachot. — Oui, oui, reprit-il, j'ai hurlé de désespoir, je me suis révolté, j'ai subi la plus terrible des agonies morales. — J'étais seul! Maintenant, je pense à ce que vont dire les autres... Le courage est un costume à prendre. Je dois aller décemment à la mort... Aussi. . . . .

LES DEUX JUSTICES.

III.

— Oh! n'achevez pas! s'écria la jeune personne qui avait demandé cette histoire, et qui interrompit alors brusquement le Nurembergeois. Je veux demeurer dans l'incertitude et croire qu'il a été sauvé. Si j'apprenais aujourd'hui qu'il a été fusillé, je ne dormirais pas cette nuit. Demain vous me direz le reste.

Nous nous levâmes de table. En acceptant le bras de M. Hermann, ma voisine lui dit : — Il a été fusillé, n'est-ce pas ?

— Oui. Je fus témoin de son exécution.

— Comment, monsieur, dit-elle, vous avez pu...

— Il l'avait désiré, madame. Il y a quelque chose de bien affreux à suivre le convoi d'un homme vivant, d'un homme que l'on aime, d'un innocent ! Ce pauvre jeune homme ne cessa pas de me regarder. Il semblait ne plus vivre qu'en moi ! Il voulait, disait-il, que je reportasse son dernier soupir à sa mère.

— Eh bien, l'avez-vous vue?

— A la paix d'Amiens, je vins en France pour apporter à la mère cette belle parole : Il était innocent. J'avais religieusement entrepris ce pélerinage. Mais madame Magnan était morte de consomption. Ce ne fut pas sans une émotion profonde que je brûlai la lettre dont j'étais porteur. Vous vous moquerez peut-être de mon exaltation germanique, mais je vis un drame de mélancolie sublime dans le secret éternel qui allait ensevelir ces adieux jetés entre deux tombes, ignorés de toute la création, comme un cri poussé au milieu du désert par le voyageur que surprend un lion.

— Et si l'on vous mettait face à face avec un des hommes qui sont dans ce salon, en vous disant : — Voilà le meurtrier! Ne serait-ce pas un autre drame? lui demandai-je en l'interrompant. Et que feriez-vous?

M. Hermann alla prendre son chapeau, et sortit.

— Vous agissez en jeune homme, et bien légèrement, me dit ma voisine. Regardez M. Taillefer? tenez! assis dans la bergère, là, au coin de la cheminée. Mademoiselle Fanny lui présente une tasse de café. Il sourit. Un assassin, que le récit de cette aventure aurait dû mettre au supplice, pourrait-il montrer tant de calme? N'a-t-il pas un air vraiment patriarcal?

— Oui, mais allez lui demander s'il a fait la guerre en Allemagne, m'écriai-je.

— Pourquoi non?

Et avec cette audace dont les femmes manquent rarement lorsqu'une entreprise leur sourit, ou que leur esprit est dominé par la curiosité, ma voisine s'avança vers le fournisseur.

— Vous avez été en Allemagne? lui dit-elle.

M. Taillefer faillit laisser tomber sa soucoupe.

— Moi! madame? Non, jamais.

— Que dis-tu donc là, Taillefer? répliqua le banquier en l'interrompant, n'étais-tu pas dans les vivres, à la campagne de Wagram?

— Ah, oui! répondit M. Taillefer, cette fois-là, j'y suis allé.

— Vous vous trompez, c'est un bon homme, me dit ma voisine en revenant près de moi.

— Hé bien, m'écriai-je, avant la fin de la soirée je chasserai le meurtrier hors de la fange où il se cache.

Il se passe tous les jours sous nos yeux un phénomène moral d'une profondeur étonnante, et cependant trop simple pour être remarqué. Si dans un salon deux hommes se rencontrent, dont l'un ait le droit de mépriser ou de haïr l'autre, soit par la connaissance d'un fait intimé et latent dont il est entaché, soit par un état secret, ou même par une vengeance à venir, ces deux hommes se devinent et pressentent l'abîme qui les sépare ou doit les séparer. Ils s'observent à leur insu, se préoccupent d'eux-mêmes. Leurs regards, leur gestes, laissent transpirer une indéfinissable émanation de leur pensée. Il y a un aimant entre eux. Je ne sais qui s'attire le plus fortement, de la vengeance ou du crime, de la haine ou de l'insulte. Semblables au prêtre qui ne pouvait consacrer l'hostie en présence du malin esprit, ils sont tous deux gênés, défians : l'un est poli, l'autre sombre, je ne sais lequel ; l'un rougit ou pâlit, l'autre tremble. Souvent le vengeur est aussi lâche que la victime. Peu de gens ont le courage de produire un mal, même nécessaire ; et bien des hommes se taisent ou pardonnent en haine du bruit, ou par peur d'un dénoûment tragique. Cette intus-susception de nos âmes et de nos sentimens établissait une lutte mystérieuse entre le fournisseur et moi. Depuis la première interpellation que je lui avais faite pendant le récit de M. Hermann, il fuyait mes regards.

Peut-être aussi évitait-il ceux de tous les convives! Il causait avec l'inexpériente Fanny, la fille du banquier; éprouvant sans doute, comme tous les criminels, le besoin de se rapprocher de l'innocence, en espérant trouver du repos près d'elle. Mais, quoique loin de lui, je l'écoutais, et mon œil perçant fascinait le sien. Quand il croyait pouvoir m'épier impunément, nos regards se rencontraient, et ses paupières s'abaissaient aussitôt. Fatigué de ce supplice, M. Taillefer s'empressa de le faire cesser en se mettant à jouer. J'allai parier pour son adversaire, mais en désirant perdre mon argent. Ce souhait fut accompli. Je remplaçai le joueur sortant, et me trouvai face à face avec le meurtrier...

— Monsieur, lui dis-je pendant qu'il me donnait des cartes, auriez-vous la complaisance de *démarquer?*

Il fit passer assez précipitamment ses jetons de gauche à droite. Ma voisine était venue près de moi, je lui jetai un coup-d'œil significatif.

— Seriez-vous, demandai-je en m'adressant au fournisseur, M. Frédéric Taillefer, dont j'ai beaucoup connu la famille à Beauvais?

— Oui, monsieur, répondit-il.

Il laissa tomber ses cartes, pâlit, mit sa tête dans ses mains, pria l'un de ses parieurs de tenir son jeu, et se leva.

— Il fait trop chaud ici, s'écria-t-il. Je crains...

Il n'acheva pas. Sa figure exprima

tout à coup d'horribles souffrances, et il sortit brusquement. Le maître de la maison accompagna M. Taillefer, en paraissant prendre un vif intérêt à sa position. Nous nous regardâmes, ma voisine et moi; mais je trouvai je ne sais quelle teinte d'amère tristesse répandue sur sa physionomie.

— Votre conduite est-elle bien miséricordieuse? me demanda-t-elle en m'emmenant dans une embrasure de fenêtre au moment où je quittai le jeu après avoir perdu. Voudriez-vous accepter le pouvoir de lire dans tous les cœurs? Pourquoi ne pas laisser agir la justice humaine et la justice divine? Si nous échappons à l'une, nous n'évitons jamais l'autre! Les priviléges d'un président de Cour d'assises sont-ils donc bien dignes d'envie? Vous avez presque fait l'office du bourreau.

— Après avoir partagé, stimulé ma curiosité, vous me faites de la morale! lui dis-je.

— Vous m'avez fait réfléchir, répondit-elle.

— Donc, paix aux scélérats, guerre aux malheureux, et défions l'or! Mais, laissons cela, ajoutai-je en riant. Regardez, je vous prie, la jeune personne qui entre en ce moment dans le salon.

— Eh bien?

— Je l'ai vue il y a trois jours au bal de l'ambassadeur de Naples; j'en suis devenu passionnément amoureux. De grâce, dites-moi son nom. Personne n'a pu...

— C'est Mlle Victorine Taillefer!

J'eus un éblouissement.

— Sa belle-mère, me disait ma voisine, dont j'entendis à peine la voix, l'a retirée depuis peu du couvent où s'est tardivement achevée son éducation. Pendant long-temps son père a refusé de le reconnaître. Elle vient ici pour la première fois. Elle est bien belle, et bien riche.

Ces paroles furent accompagnées d'un sourire sardonique. En ce moment, nous entendîmes des cris violens, mais étouffés. Ils semblaient sortir d'un appartement voisin et retentissaient faiblement dans les jardins.

— N'est-ce pas la voix de M. Taillefer? m'écriai-je.

Nous prêtâmes au bruit toute notre attention, et d'épouvantables gémissemens parvinrent à nos oreilles. La femme du banquier accourut précipitamment vers nous, et ferma la fenêtre.

— Évitons les scènes, nous dit-elle. Si mademoiselle Taillefer entendait son père, elle pourrait bien avoir une attaque de nerfs!

Le banquier rentra dans le salon, y chercha Victorine, et lui dit un mot à voix basse. Aussitôt la jeune personne jeta un cri, s'élança vers la porte et disparut. Cet événement produisit une grande sensation. Les parties cessèrent. Chacun questionna son voisin. Le murmure des voix grossit, et des groupes se formèrent.

— M. Taillefer se serait-il... demandai-je.

— Tué, s'écria ma railleuse voisine. Vous en porteriez gaîment le deuil, je pense!

— Mais que lui est-il donc arrivé?

— Le pauvre bonhomme, répondit la maîtresse de la maison, est sujet à une maladie dont je n'ai pu retenir le nom, quoique M. Brousson me l'ait dit assez souvent, et il vient d'en avoir un accès.

— Quel est donc le genre de cette maladie, demanda soudain un juge d'instruction.

— Oh! c'est un terrible mal, monsieur, répondit-elle. Les médecins n'y connaissent pas de remède. Il paraît que les souffrances en sont atroces. Un jour, ce malheureux Taillefer ayant eu un accès pendant son séjour à ma terre, j'ai été obligée d'aller chez une de mes voisines pour

ne pas l'entendre. Il pousse alors
des cris terribles, il veut se tuer, sa
femme est forcée de le faire attacher
sur son lit, et de lui mettre quelque
fois la camisole des fous. Il prétend
avoir dans la tête des animaux qui lui
rongent la cervelle. Ce sont des élan-
cemens, des coups de scie, des tirail-
lemens horribles dans l'intérieur de
chaque nerf. Il souffre tant à la tête
qu'il ne sentait pas les moxas qu'on
lui appliquait jadis pour essayer de
le distraire. Mais M. Brousson, qu'il
a pris pour médecin, les a défendus,
en prétendant que c'était une affec-
tion nerveuse, une inflammation de
nerfs, pour laquelle il fallait des sang-
sues au cou et de l'opium sur la tête.
Et le fait est que les accès sont devenus plus rares, et ne le prennent

plus guère que tous les ans, vers la fin de l'automne. Quand il est rétabli, le pauvre homme répète sans cesse qu'il aurait mieux aimé être roué ou tiré à quatre chevaux.

— Alors, il paraît qu'il souffre beaucoup, dit un agent de change, le bel esprit du salon.

— Oh! reprit-elle, l'année dernière il a failli périr. Il avait été seul à sa terre, pour une affaire pressante; faute de secours peut-être, il est resté vingt-deux heures étendu roide, et comme mort. Il n'a été sauvé que par un bain très-chaud.

— C'était donc une espèce de tétanos? demanda l'agent de change.

— Je ne sais pas, reprit-elle. Voilà près de trente ans qu'il a cette maladie qu'il a gagnée aux armées. Il lui est entré, dit-il, un éclat de bois dans la tête en tombant dans un bateau. M. Brousson espère le guérir. On prétend que les Anglais ont trouvé le moyen de traiter sans danger cette maladie-là par l'acide prussique.

En ce moment, un cri plus perçant que les autres retentit dans la maison et nous glaça d'horreur.

— Eh bien! voilà ce que j'entendais à tout moment, reprit la femme du banquier. Cela me faisait sauter sur ma chaise et m'agaçait les nerfs. Mais, chose extraordinaire! ce pauvre Taillefer, tout en souffrant des douleurs inouïes, ne risque jamais de mourir. Il mange et boit comme à l'ordinaire pendant les momens de répit que lui laisse cet horrible supplice. La nature est bien bizarre! Un médecin allemand lui a dit que c'était une espèce de goutte à la tête; cela s'accorderait assez avec l'opinion de M. Brousson.

Je quittai le groupe qui s'était formé autour de la maîtresse du logis, et sortis avec mademoiselle Taillefer, qu'un valet vint chercher...

— Oh! mon Dieu! mon Dieu! s'écria-t-elle en pleurant, qu'a donc fait mon père au ciel pour avoir mérité de souffrir ainsi. Un être si bon!

Je descendis l'escalier avec elle. En l'aidant à monter dans la voiture, j'y vis son père courbé en deux. Mademoiselle Taillefer essayait d'étouffer les gémissemens de son père en lui couvrant la bouche d'un mouchoir. Malheureusement, il m'aperçut, et sa figure parut se crisper encore davantage. Un cri convulsif fendit les airs, il me jeta un regard horrible, et la voiture partit.

LE CAS DE CONSCIENCE.

IV.

Ce dîner, cette soirée exercèrent une cruelle influence sur ma vie et sur mes sentimens. J'aimai mademoiselle Taillefer, précisément peut-être parce que l'honneur et la délicatesse m'interdisaient de m'allier à un assassin, tout bon père et bon époux qu'il pût être. Une incroyable fatalité m'entraînait à me faire présenter dans les maisons où je savais pouvoir rencontrer Victorine. Souvent, après m'être donné à moi-même ma parole d'honneur de renoncer à la voir, le soir même je me trouvais près d'elle. Mes plaisirs étaient immenses. Mon légitime amour, plein de remords chimériques, avait la couleur d'une passion criminelle. Je me méprisais de saluer M. Taillefer, quand par hasard il était avec sa fille ; mais je le saluais ! Enfin, par malheur, Victorine n'est pas seulement une jolie personne ; de plus elle est instruite, remplie de talens, de grâces, sans la moindre pédanterie, sans la plus légère teinte de prétention. Elle cause avec réserve ; elle est accorte, gaie. Son caractère a des attraits auxquels personne ne sait résister. Elle m'aime, ou du moins elle me le laisse croire; elle a un certain sourire qu'elle ne trouve que pour moi ; et, pour moi, sa voix s'adoucit encore. Oh! elle m'aime! mais elle adore son père, mais elle m'en vante la bonté, la douceur, les qualités exquises. Ces éloges sont autant de coups de poignard qu'elle me donne dans le cœur. Un jour, je me suis trouvé presque complice du crime sur lequel repose l'opulence de la famille Taillefer. J'ai voulu demander la main de Victorine. Alors j'ai fui, j'ai voyagé, j'ai été en Allemagne, à Andernach. Mais je suis revenu. J'ai retrouvé Victorine pâle. Elle avait maigri! Si je l'avais revue bien portante, gaie, j'étais sauvé! Ma passion s'est rallumée avec une violence extraordinaire. Craignant que mes scrupules ne dégénérassent en monomanie, je résolus de convoquer un sanhédrin de consciences pures, afin de jeter quelques lumières sur ce problème de haute morale et de philosophie. La question s'était encore bien compliquée depuis mon retour. Avant-hier donc, j'ai réuni ceux de mes amis auxquels j'accorde le plus de probité, de délicatesse et d'honneur. J'avais invité deux Anglais, un secrétaire d'ambassade et un puritain; un ancien ministre dans toute la maturité de la politique; des jeunes gens encore sous le charme de l'innocence; un prêtre, un vieillard; puis mon ancien tuteur, homme naïf, qui m'a rendu le plus beau compte de tutelle dont il y ait mémoire au Palais; un avocat, un notaire, un juge, enfin toutes les opinions sociales, toutes les vertus-pratiques. Nous avons commencé par bien dîner, bien parler, bien crier; puis, au dessert, j'ai raconté naïvement mon histoire, et demandé quelque bon avis en cachant le nom de ma prétendue.

— Conseillez-moi, mes amis, leur dis-je en terminant. Discutez longuement la question, comme s'il s'agissait d'un projet de loi. L'urne et les boules du billard vont vous être apportées, et vous voterez pour ou contre mon mariage, dans tout le secret voulu par un scrutin!

Un profond silence régna soudain. Le notaire se récusa.

— Il y a, dit-il, un contrat à faire.

Le vin avait réduit mon ancien tuteur au silence, et il fallait le mettre en tutelle pour qu'il ne lui arrivât aucun malheur en retournant chez lui.

— Je comprends! m'écriai-je. Ne pas donner son opinion, c'est me dire énergiquement ce que je dois faire.

Il y eut un mouvement dans l'assemblée.

— Ainsi que la vertu le crime a ses degrés!

s'écria un propriétaire qui avait souscrit pour les enfans et la tombe du général Foy.

— Bavard! me dit l'ancien ministre à voix basse en me poussant le coude.

— Où est la difficulté? demanda M. le duc de Jenesaisquoi, dont la fortune consiste en biens confisqués à des protestans réfractaires lors de la révocation de l'édit de Nantes.

L'avocat se leva : — En droit, l'*espèce* qui nous est soumise ne constituerait pas la moindre difficulté. Monsieur le duc a raison! s'écria l'organe de la loi. N'y a-t-il pas prescription? Où en serions-nous tous s'il fallait rechercher l'origine des fortunes? Ceci est une affaire de conscience. Si vous voulez absolument porter la cause devant un tribunal, allez à celui de la pénitence.

Le Code incarné se tut, s'assit et but un verre de vin de Champagne. L'homme chargé d'expliquer l'Évangile, le bon prêtre, se leva.

— Dieu nous a faits fragiles, dit-il avec fermeté. Si vous aimez l'héritière du crime, épousez-la, mais contentez-vous du bien matrimonial, et donnez aux pauvres celui du père.

— Mais, s'écria l'un de ces ergoteurs sans pitié qui se rencontrent si souvent dans le monde, le père n'a peut-être fait un beau mariage que parce qu'il s'était enrichi. Le moindre de ses bonheurs n'a-t-il donc pas toujours été un fruit du crime ?

— La discussion est en elle-même une sentence ! Il est des choses sur lesquelles un homme ne délibère pas, s'écria mon ancien tuteur, qui crut éclairer l'assemblée par une saillie d'ivresse.

— Oui! dit le secrétaire d'ambassade.

— Oui! s'écria le prêtre.

Ces deux hommes ne s'entendaient pas.

Un doctrinaire auquel il n'avait guère manqué que cent cinquante voix sur cent cinquante-cinq votans pour être élu député se leva. — Messieurs, cet accident phénoménal de la nature intellectuelle est un de ceux qui sortent le plus vivement de l'état normal auquel est soumise la société. Donc, la décision à prendre doit être un fait extemporané de notre conscience, un concept soudain, un jugement instinctif, une nuance fugitive de notre appréciation intime assez semblable aux éclairs qui constituent le sentiment du goût. Votons.

— Votons! s'écrièrent mes convives.

Je fis donner à chacun deux boules, l'une blanche, l'autre rouge. Le blanc, symbole de virginité, devait proscrire le mariage; et la boule rouge, l'approuver. Je m'abstins de voter par délicatesse. Mes amis étaient dix-sept, le nombre neuf formait la majorité absolue. Chacun alla mettre sa boule dans le panier d'osier à col étroit où s'gitent les billes numérotées quand les joueurs tirent leurs places à la poule, et nous fûmes agités par une assez vive curiosité, car ce scrutin de morale épurée avait quelque chose d'original. Au dépouillement du scrutin, je trouvai neuf boules blanches! Ce résultat ne me surprit pas; mais je m'avisai de compter les jeunes gens de mon âge que j'avais mis parmi mes juges. Ces casuistes étaient au nombre de neuf. Ils avaient tous eu la même pensée.

— Oh! oh! me dis-je, il y a unamité pour le mariage! Comment sortir d'embarras?

— Où demeure le beau-père? demanda étourdiment un de mes camarades de collége moins dissimulé que les autres.

— Il n'y a plus de beau-père, m'écriai-je. Jadis ma conscience parlait assez clairement pour rendre votre arrêt superflu. Et si aujourd'hui sa voix s'est affaiblie, voici les motifs de ma couardise. Je reçus, il y a deux mois, cette lettre séductrice.

Alors, je leur montrai l'invitation suivante, que je tirai de mon portefeuille.

« Vous êtes prié d'assister aux
« convoi, service et enterrement
« de M. JEAN-FRÉDÉRIC TAIL-
« LEFER, de la maison Taillefer
« et compagnie, ancien fournisseur
« des vivres-viandes, en son vivant
« chevalier de la Légion-d'Hon-
« neur et de l'Éperon d'or, capi-
« taine de la première compagnie
« de grenadiers de la deuxième
« légion de la garde nationale de
« Paris, décédé le premier mai
« dans son hôtel, rue Joubert, et
« qui se feront a... etc. »

« *De la part de...* etc. »

DÉCISION.

— Maintenant, que faire? repris-je. Je vais vous poser la question très-largement. Il y a bien certainement une mare de sang dans les terres de mademoiselle Taillefer! La succession de son père est un vaste *hacelma*. Je je sais. Mais Prosper Magnan n'a pas laissé d'héritiers; mais il m'a été impossible de retrouver la famille du fabricant d'épingles assassiné à Andernach. A qui restituer la fortune? Et doit-on restituer toute la fortune? Ai-je le droit de trahir un secret surpris, d'augmenter d'une tête coupée la dot d'une innocente jeune fille, de lui faire faire de mauvais rêves, de lui ôter une belle illusion, de lui tuer son père une seconde fois, en lui disant : Tous vos écus sont tachés? J'ai emprunté le *Dictionnaire des Cas de conscience* à un vieil ecclésiastique, et n'y ai point trouvé de solution à mes doutes. Faire une fondation pieuse pour l'âme de Prosper Magnan, de Walhenfer, de Taillefer? nous sommes en 1831. Bâtir un hospice ou instituer un prix de vertu ? mais le prix de vertu sera donné à des fripons. Quant à la plupart de nos hôpitaux, ils me semblent devenus aujourd'hui les protecteurs du vice ! D'ailleurs seraient-ce des réparations ? Et les dois-je ? Puis j'aime, et j'aime avec passion. Mon amour est ma vie ! Si je propose sans motif à une jeune fille habituée au luxe, à l'élégance, à une vie féconde en jouissances d'arts, à une jeune fille qui aime à écouter paresseusement aux Bouffons la musique de Rossini, si donc je lui propose de se priver de quinze cent mille francs en faveur de vieillards stupides ou de galeux chimériques, elle me tournera le dos en riant, ou sa belle-mère me prendra pour un mauvais plaisant. Si, dans une extase d'amour, je lui vante les charmes d'une vie médiocre et ma petite maison sur les bords de la Loire, si je lui demande le sacrifice de sa vie parisienne au nom de notre amour, ce sera d'abord un vertueux mensonge; puis, je ferai peut-être là quelque triste expérience, et perdrai le cœur de cette jeune fille, amoureuse du bal, folle de parure, et de moi pour le moment. Elle me sera enlevée par un officier mince et pimpant, qui aura une moustache bien frisée, jouera du piano, vantera lord Byron, et montera joliment à cheval. Que faire? Messieurs, de grâce, un conseil.

L'honnête homme, cette espèce de puritain assez semblable au père de Jenny Deans dont je vous ai déjà parlé, et qui jusque-là n'avait soufflé

mot, haussa les épaules en me disant :
— Imbécile, pourquoi lui as-tu demandé s'il était de Beauvais ?

Paris, mai 1831.

FIN DE L'AUBERGE ROUGE.

LE CHEF-D'ŒUVRE

INCONNU.

GILLETTE.

I.

Vers la fin de l'année 1612, par une froide matinée de décembre, un jeune homme dont le vêtement était de très-mince apparence, se promenait devant la porte d'une maison située rue des Grands-Augustins, à Paris. Après avoir assez longtemps marché dans cette rue avec l'irrésolution d'un amant qui n'ose se présenter chez sa première maîtresse, quelque facile qu'elle soit, il finit par franchir le seuil de cette porte et demanda si maître *François* Porbus était en son logis. Sur la réponse affirmative que lui fit une vieille femme occupée à balayer une salle basse, le jeune homme monta lentement les degrés, et s'arrêta de marche en marche, comme quelque courtisan de fraîche date, inquiet de l'accueil que le roi va lui faire. Quand il parvint en haut de la vis, il demeura pendant un moment sur le palier, incertain s'il prendrait le heurtoir grotesque qui ornait la porte de l'atelier où travaillait sans doute le peintre de Henri IV délaissé pour Rubens par Marie de Médicis. Le jeune homme éprouvait cette sensation profonde qui a dû faire vibrer le cœur des grands artistes, quand, au fort de la jeunesse et de leur amour pour l'art, ils ont abordé un homme de génie ou quelque chef-d'œuvre. Il existe dans tous les sentimens humains une fleur primitive, engendrée par un noble enthousiasme qui va toujours faiblissant jusqu'à ce que le bonheur ne soit plus qu'un souvenir et la gloire un mensonge. Parmi nos émotions fragiles, rien ne ressemble à l'amour comme la jeune passion d'un artiste commençant le délicieux supplice de sa destinée de gloire et de malheur, passion pleine d'audace et de timidité, de croyances vagues et de découragemens certains. A celui qui léger d'argent, qui adolescent de génie, n'a pas vivement palpité en se présentant devant un maître, il manquera toujours une corde dans le cœur, je ne sais quelle touche de pinceau, un sentiment dans l'œuvre, une certaine expression de poésie. Si quelques fanfarons bouffis d'eux-mêmes croient trop tôt à l'avenir, ils ne sont gens d'esprit que pour les sots. A ce compte, le jeune inconnu paraissait avoir un vrai mérite, si le talent doit se mesurer sur cette timidité première, sur cette pudeur indéfinissable que les gens promis à la gloire savent perdre dans l'exercice de leur art, comme les jolies femmes perdent la leur dans le manège de la coquetterie. L'habitude du triomphe amoindrit le doute, et la pudeur est un doute peut-être.

Accablé de misère et surpris en ce moment de son outrecuidance, le pauvre néophyte ne serait pas entré chez le peintre auquel nous devons l'admirable portrait de Henri IV, sans un secours extraordinaire que lui envoya le hasard. Un vieillard vint à monter l'escalier. A la bizarrerie de son costume, à la magnificence de son rabat de dentelle, à la prépondérante sécurité de sa démarche, le jeune homme devina dans ce personnage ou le protecteur ou l'ami du peintre. Il se recula sur le palier pour lui faire place, et l'examina curieusement, espérant trouver en lui la bonne nature d'un artiste, ou le caractère serviable des gens qui aiment les arts; mais il y avait quelque chose de diabolique dans cette figure, et surtout ce *je ne sais quoi* qui affriande les artistes. Imaginez un front chauve, bombé, proéminent, retombant en saillie sur un petit nez écrasé, retroussé du bout comme celui de Rabelais ou de Socrate; une bouche rieuse et ridée, un menton court, fièrement relevé, garni d'une barbe grise taillée en pointe; des yeux vert de mer, ternis en apparence par l'âge, mais qui, par le contraste du blanc nacré dans lequel flottait la prunelle, devaient parfois jeter des regards magnétiques au fort de la colère ou de l'enthousiasme. Le visage était d'ailleurs singulièrement flétri par les fatigues de l'âge, et plus encore par ces pensées qui creusent également l'âme et le corps. Les yeux n'avaient plus de cils, et à peine voyait-on quelques traces de sourcils au-dessus de leurs arcades saillantes. Mettez cette tête sur un corps fluet et débile, entourez-la d'une dentelle étincelante de blancheur et travaillée comme une truelle à poisson, jetez sur le pourpoint noir du vieillard une lourde chaîne d'or, et vous aurez une image imparfaite de ce personnage auquel le jour faible de l'escalier prêtait encore une couleur fantastique. Vous eussiez dit une toile de Rembrandt marchant silencieusement et sans cadre dans la noire atmosphère que s'est appropriée ce grand peintre. Il jeta sur le jeune homme un regard empreint de sagacité, frappa trois coups à la porte, et dit à un homme valétudinaire, âgé de quarante ans environ, qui vint ouvrir : — Bonjour, maître.

Porbus s'inclina respectueusement, il laissa entrer le jeune homme en le croyant amené par le vieillard et s'inquiéta d'autant moins de lui que le néophyte demeura sous le charme que doivent éprouver les peintres-nés à l'aspect du premier atelier qu'ils voient et où se révèlent quelques-uns des procédés matériels de l'art. Un vitrage ouvert dans la voûte éclairait l'atelier de maître Porbus. Concentré sur une toile accrochée au chevalet, et qui n'était encore touchée que de trois ou quatre traits blancs, le jour n'atteignait pas jusqu'aux noires profondeurs des angles de cette vaste pièce ; mais quelques reflets égarés allumaient dans cette ombre rousse une paillette argentée au ventre d'une cuirasse de reitre suspendue à la muraille, rayaient d'un brusque sillon de lumière la corniche sculptée et cirée d'un antique dressoir chargé de vaisselles curieuses, ou piquaient de points éclatants la trame grenue de quelques vieux rideaux de brocard d'or, aux grands plis cassés, jetés là comme modèle. Des écorchés de plâtre, des fragmens et des torses de déesses antiques, amoureusement polis par les baisers des siècles, jonchaient les tablettes et les consoles. D'innombrables ébauches, des études aux trois crayons, à la sanguine ou à la plume, couvraient les murs jusqu'au plafond. Des boîtes à couleur, des bouteilles d'huile et d'essence, des escabeaux renversés ne laissaient qu'un étroit chemin pour arriver sous l'auréole que projetait la haute verrière, dont les rayons tombaient à plein sur la pâle figure de Porbus et sur le crâne d'ivoire de l'homme singulier. L'attention du jeune homme fut bientôt exclusivement acquise à un tableau qui, par ce temps de trouble et de révolutions, était déjà devenu célèbre, et que visitaient quelques-uns de ces entêtés auxquels on doit la conservation du feu sacré pendant les jours mauvais. Cette belle page représentait une *Marie égyptienne* se disposant à payer le passage du bateau. Ce chef-d'œuvre, destiné à Marie de Médicis, fut vendu par elle aux jours de sa misère.

— Ta sainte me plaît, dit le vieillard à Porbus, et je te la paierais dix écus d'or au-delà du prix que donne la reine ; mais aller sur ses brisées?.. du diable !

— Vous la trouvez bien ?

— Heu ! heu ! fit le vieillard, bien : oui et non. Ta bonne femme n'est pas mal troussée, mais elle ne vit pas. Vous autres, vous croyez avoir tout fait lorsque vous avez dessiné correctement une figure et mis chaque chose à sa place d'après les lois de l'anatomie ! Vous coloriez ce linéament avec un ton de chair fait d'avance sur votre palette en ayant soin de tenir un côté plus sombre que l'autre, et parce que vous regardez de temps en temps une femme nue qui se tient debout sur une table, vous croyez avoir copié la nature, vous vous imaginez être des peintres et avoir dérobé le secret de Dieu !... Prrr ! Il ne suffit pas pour être un grand poète de savoir à fond la syntaxe et de ne pas faire de fautes de langue ! Regarde ta sainte, Porbus ? Au premier aspect elle semble admirable, mais au second coup-d'œil on s'aperçoit qu'elle est collée au fond de la toile et qu'on ne pourrait pas faire le tour de son corps; c'est une silhouette qui n'a qu'une seule face, c'est une apparence découpée qui ne saurait se retourner, ni changer de position. Je ne sens pas d'air entre ce bras et le champ du tableau ; l'espace et la profondeur manquent ; cependant tout est bien en perspective, et la dégradation aérienne est exactement observée : mais, malgré d'aussi louables efforts, je ne saurais croire que ce beau corps soit animé par le tiède souffle de la vie. Il me semble que si je portais la main sur cette gorge d'une si ferme rondeur, je la trouverais froide comme du marbre ! Non, mon ami, le sang ne court pas sous cette peau d'ivoire, l'existence ne gonfle pas de sa rosée de pourpre les veines et les fibrilles qui s'entrelacent en réseau sous la transparence ambrée des tempes et de la poitrine. Cette place palpite, mais cette autre est immobile ; la vie et la mort luttent dans chaque morceau : ici c'est une femme, là une statue, plus loin un cadavre. Ta création est incomplète. Tu n'as pu souffler qu'une portion de ton âme à ton œuvre chérie. Le flambeau de Prométhée s'est éteint plus d'une fois dans tes mains, et beaucoup d'endroits de ton tableau n'ont pas été touchés par la flamme céleste.

— Mais pourquoi, mon cher maître ? dit respectueusement Porbus au vieillard, tandis que le jeune homme avait peine à réprimer une forte envie de le battre.

— Ah ! voilà, dit le petit vieillard. Tu as flotté indécis entre les deux systèmes, entre le dessin et la couleur, entre le flegme minutieux, la raideur précise des vieux maîtres allemands et l'ardeur éblouissante, l'heureuse abondance des peintres italiens. Tu as voulu imiter à la fois Hans Holbein et Titien, Albrecht Durer et Paul Véronèse. Certes c'était-là une magnifique ambition! Mais qu'est-il arrivé? Tu n'as eu ni le charme sévère de la sécheresse, ni les décevantes magies du clair obscur. Dans cet endroit, comme un bronze en fusion qui crève son trop faible moule, la riche et blonde couleur du Titien a fait éclater le maigre contour d'Albrecht Durer où tu l'avais coulée. Ailleurs, le linéament a résisté et contenu les magnifiques débordements de la palette vénitienne. Ta figure n'est ni parfaitement dessinée, ni parfaitement peinte, et porte partout les traces de cette malheureuse indécision. Si tu ne te sentais pas assez fort pour fondre ensemble au feu de ton génie les deux manières rivales, il fallait opter franchement entre l'une ou l'autre, afin d'obtenir l'unité qui simule une des conditions de la vie. Tu n'es vrai que dans les milieux, tes contours sont faux, ne s'enveloppent pas et ne promettent rien par derrière. Il y a de la vérité ici, dit le vieillard en montrant la poitrine de la sainte. — Puis, ici, reprit-il en indiquant le point où sur le tableau finissait l'épaule. — Mais là, fit-il en revenant au milieu de la gorge, tout est faux. N'analysons rien, ce serait faire ton désespoir.

Le vieillard s'assit sur une escabelle, se tint la tête dans les mains et resta muet.

— Maître, lui dit Porbus, j'ai cependant bien étudié sur le nu cette gorge; mais, pour notre malheur, il est des effets vrais dans la nature qui ne sont plus probables sur la toile...

— La mission de l'art n'est pas de copier la nature, mais de l'exprimer ! Tu n'es pas un vil copiste, mais un poète ! s'écria vivement le vieillard, en interrompant Porbus par un geste despotique. Autrement un sculpteur serait quitte de tous ses travaux en moulant une femme ! Hé bien, essaie de mouler la main de ta maîtresse et de la poser devant toi, tu trouveras un horrible cadavre sans aucune ressemblance, et tu seras forcé d'aller trouver le ciseau de l'homme qui, sans te la copier exactement, t'en figurera le mouvement et la vie. Nous avons à saisir l'esprit, l'ame, la physionomie des choses et des êtres. Les effets ! les effets ! mais ils sont les accidens de la vie, et non la vie. Une main, puisque j'ai pris cet exemple, une main ne tient pas seulement au corps, elle exprime et continue une pensée qu'il faut saisir et rendre. Ni le peintre, ni le poète, ni le sculpteur ne doivent séparer l'effet de la cause qui sont invinciblement l'un dans l'autre ! La véritable lutte est là. Beaucoup de peintres triomphent instinctivement sans connaître ce thême de l'art. Vous dessinez une femme, mais vous ne la voyez pas! Ce n'est pas ainsi que l'on parvient à forcer l'arcane de la nature. Votre main reproduit, sans que vous y pensiez, le modèle que vous avez copié chez votre maître. Vous ne descendez pas assez dans l'intimité de la forme, vous ne la poursuivez pas avec assez d'amour et de persévérance dans ses détours et dans ses fuites. La beauté est une chose sévère et difficile qui ne se laisse point atteindre ainsi, il faut attendre ses heures, l'épier, la presser et l'enlacer étroitement pour la forcer à se rendre. La forme est un Protée bien plus insaisissable et plus fertile en replis que le Protée de la fable: ce n'est qu'après de longs combats qu'on peut la contraindre à se montrer sous son véritable aspect; vous

autres vous vous contentez de la première apparence qu'elle vous livre, ou tout au plus de la seconde, ou de la troisième ; ce n'est pas ainsi qu'agissent les victorieux lutteurs ! Ces peintres invaincus ne se laissent pas tromper à tous ces faux-fuyans, ils persévèrent jusqu'à ce que la nature en soit réduite à se montrer toute nue et dans son véritable esprit. Ainsi a procédé Raphaël, dit le vieillard en ôtant son bonnet de velours noir, pour exprimer le respect que lui inspirait le roi de l'art : sa grande supériorité vient du sens intime qui, chez lui, semble vouloir briser la forme. La forme est, dans ses figures, ce qu'elle est chez nous, un truchement pour se communiquer des idées, des sensations, une vaste poésie. Toute figure est un monde, un portrait dont le modèle est apparu dans une vision sublime, teint de lumière, désigné par une voix intérieure, dépouillé par un doigt céleste qui a montré, dans le passé de toute une vie, les sources de l'expression. Vous faites à vos femmes de belles robes de chair, de belles draperies de cheveux, mais où est le sang qui engendre le calme ou la passion et qui cause des effets particuliers. — Ta sainte est une femme brune, mais ceci, mon pauvre Porbus, est d'une blonde! Vos figures sont alors de pâles fantômes coloriés que vous nous promenez devant les yeux, et vous appelez cela de la peinture et de l'art. Parce que vous avez fait quelque chose qui ressemble plus à une femme qu'à une maison, vous pensez avoir touché le but, et, tout fiers de n'être plus obligés d'écrire à côté de vos figures, *currus venustus* ou *pulcher homo*, comme les premiers peintres, vous vous imaginez être des artistes merveilleux! Ha! ha! vous n'y êtes pas encore, mes braves compagnons, il vous faudra user bien des crayons, couvrir bien des toiles avant d'arriver. Assurément, une femme porte sa tête de cette manière, elle tient sa jupe ainsi, ses yeux s'allanguissent et se fondent avec cet air de douceur résignée; l'ombre palpitante des cils flotte ainsi sur les joues! C'est cela, et ce n'est pas cela. Qu'y manque-t-il? un rien, mais ce rien est tout. Vous avez l'apparence de la vie, mais vous n'exprimez pas son trop plein qui déborde, ce je ne sais quoi qui est l'âme peut-être et qui flotte nuageusement sur l'enveloppe ; enfin cette fleur de vie que Titien et Raphael ont surprise. En partant du point extrême où vous arrivez, on ferait peut être d'excellente peinture; mais vous vous lassez trop vite. Le vulgaire admire, et le vrai connaisseur sourit. O Mabuse, ô mon maître, ajouta ce singulier personnage, tu es un voleur, tu as emporté la vie avec toi! — A cela près, reprit-il, cette toile vaut mieux que les peintures de ce faquin de Rubens, avec ses montagnes de viandes flamandes, saupoudrées de vermillon, ses ondées de chevelures rousses, et son tapage de couleurs. Au moins, avez-vous là couleur, sentiment et dessin, les trois parties essentielles de l'art.

— Mais cette sainte est sublime, bon homme ! s'écria d'une voix forte le jeune homme en sortant d'une rêverie profonde. Ces deux figures, celle de la sainte et celle du batelier, ont une finesse d'intention ignorée des peintres italiens. Je n'en sais pas un seul qui eût inventé l'indécision du batelier.

— Ce petit drôle est-il à vous ? demanda Porbus au vieillard.

— Hélas ! maître, pardonnez à ma hardiesse, répondit le néophyte en rougissant. Je suis inconnu, mais barbouilleur d'instinct, et arrivé depuis peu dans cette ville, source de toute science.

— A l'œuvre ? lui dit Porbus en lui présentant un crayon rouge et une feuille de papier.

L'inconnu copia lestement la Marie au trait.

— Oh! oh! s'écria le vieillard. Votre nom ?

Le jeune homme écrivit au bas *Nicolas Poussin.*

— Voilà qui n'est pas mal pour un commençant, dit le singulier personnage qui discourait si follement. Je vois que l'on peut parler peinture devant toi. Je ne te blâme pas d'avoir admiré la sainte de Porbus. C'est un chef-d'œuvre pour tout le monde, et les initiés aux plus intimes arcanes de l'art peuvent seuls découvrir en quoi elle pèche. Mais puisque tu es digne de la leçon, et capable de comprendre, je vais te faire voir combien peu de chose il faudrait pour compléter cette œuvre. Sois tout œil et tout attention, une pareille occasion de t'instruire ne se représentera peut-être jamais. Ta palette, Porbus ?

Porbus alla chercher palette et pinceaux. Le petit vieillard retroussa ses manches avec un mouvement de brusquerie convulsive, passa son pouce dans la palette diaprée et chargée de tons que Porbus lui tendait; il lui arracha des mains plutôt qu'il ne les prit une poignée de brosses de toutes dimensions, et sa barbe taillée en pointe se remua soudain par des efforts menaçans qui exprimaient le prurit d'une amoureuse fantaisie. Tout en chargeant son pinceau de couleur, il grommelait entre ses dents : — Voici des tons bons à jeter par la fenêtre avec celui qui les a composés, ils sont d'une crudité et d'une fausseté révoltante ; comment peindre avec cela ? Puis il trempait avec une vivacité fébrile la pointe de la brosse dans les différens tas de couleur dont il parcourait quelquefois la gamme entière plus rapidement qu'un organiste de cathédrale ne parcourt l'étendue de son clavier à l'*O Filii* de Pâques.

Porbus et Poussin se tenaient immobiles chacun d'un côté de la toile, plongés dans la plus véhémente contemplation.

—Vois-tu, jeune homme, disait le vieillard sans se détourner, vois-tu comme au moyen de trois ou quatre touches et d'un petit glacis bleuâtre, on pouvait faire circuler l'air autour de la tête de cette pauvre sainte qui devait étouffer et se sentir prise dans cette atmosphère épaisse? Regarde comme cette draperie voltige à présent et comme on comprend que la brise la soulève! Auparavant elle avait l'air d'une toile empesée et soutenue par des épingles. Remarques-tu comme le luisant satiné que je viens de poser sur la poitrine rend bien la grasse souplesse d'une peau de jeune fille, et comme le ton mélangé de brun rouge et d'ocre calciné réchauffe la grise froideur de cette grande ombre où le sang se figeait au lieu de courir. Jeune homme, jeune homme, ce que je te montre là, aucun maître ne pourrait te l'enseigner. Mabuse seul possédait le secret de donner de la vie aux figures. Mabuse n'a eu qu'un élève, qui est moi. Je n'en ai pas eu et je suis vieux ! Tu as assez d'intelligence pour deviner le reste, par ce que je te laisse entrevoir.

Tout en parlant, l'étrange vieillard touchait à toutes les parties du tableau : ici deux coups de pinceau, là un seul, mais toujours si à propos qu'on aurait dit une nouvelle peinture, mais une peinture trempée de lumière. Il travaillait avec une ardeur si passionnée que la sueur se perlait sur son front dépouillé ; il allait si rapidement, par de petits mouvemens si impatiens, si saccadés, que pour le jeune Poussin il semblait qu'il y eût, dans le corps de ce bizarre personnage, un démon qui agissait par ses mains en les prenant fantastiquement contre le gré de l'homme ; l'éclat surnaturel de ses yeux, ses convulsions qui semblaient l'effet d'une résistance donnaient à cette idée un semblant de vérité qui devait agir sur une jeune imagination. Il allait, allait, disant : — Paf, paf, paf ! voilà comment cela se beurre, jeune homme ! venez mes petites touches, faites-moi roussir ce ton glacial ! Allons donc ! Pon ! pon ! pon ! disait-il en réchauffant les parties où il avait signalé un défaut de vie, en faisant disparaître par quelques plaques de couleur les différences de tempérament, et rétablissant l'unité de ton que voulait une ardente Égyptienne.

— Vois-tu, petit, il n'y a que le dernier coup de pinceau qui compte. Porbus en a donné cent, moi, je n'en donne qu'un. Personne ne nous sait gré de ce qui est dessous. Sache bien cela !

Enfin ce démon s'arrêta, et se tournant vers Porbus et Poussin muets d'admiration, il leur dit : — Cela ne vaut pas encore ma Catherine Lescault, cependant on pourrait mettre son nom au bas d'une pareille œuvre. Oui, je la signerais, ajouta-t-il en se levant pour prendre un miroir dans lequel il la regarda. — Maintenant, allons déjeûner, dit-il. Venez tous deux à mon logis. J'ai du jambon fumé, du bon vin ! Hé, hé, malgré le malheur des temps, nous causerons peinture ! Nous sommes de force. Voici un petit bon homme, ajouta-t-il en frappant sur l'épaule de Nicolas Poussin, qui a de la facilité.

Apercevant alors la piètre casaque du Normand, il tira de sa ceinture une bourse de peau, y fouilla, prit deux pièces d'or, et les lui montrant : — J'achète ton dessin, dit-il.

— Prends, dit Porbus à Poussin en le voyant tressaillir et rougir de honte, car il avait la fierté du pauvre. Prends donc, il a dans son escarcelle la rançon de deux rois !

Tous trois descendirent de l'atelier et cheminèrent en devisant sur les arts, jusqu'à une belle maison de bois, située près du pont Saint-Michel, et dont les ornemens, le heurtoir, les encadremens de croisée, les arabesques émerveillèrent Poussin. Le peintre en espérance se trouva tout-à-coup dans une salle basse, devant un bon feu, près d'une table chargée de mets appétissans, et par un bonheur inouï, dans la compagnie de deux grands artistes pleins de bonhomie.

— Jeune homme, lui dit Porbus en le voyant ébahi devant un tableau, ne regardez pas trop cette toile, vous tomberiez dans le désespoir.

C'était l'*Adam* que fit Mabuse pour sortir de prison où ses créanciers le retinrent si long-temps. Cette figure offrait, en effet, une telle puissance de réalité, que Nicolas Poussin commença dès ce moment à comprendre le véritable sens des confuses paroles dites par le vieillard. Celui-ci regardait le tableau d'un air satisfait, mais sans enthousiasme, et semblait dire : « J'ai fait mieux ! »

— Il y a de la vie, dit-il, mon pauvre maître s'y est surpassé; mais il manquait encore un peu de vérité dans le fond de la toile. L'homme est bien vivant, il se lève et va venir à nous. Mais l'air, le ciel, le vent que nous respirons, voyons et sentons, n'y sont pas. Puis il n'y a encore là qu'un homme ! Or le seul homme qui soit immédiatement sorti des mains de Dieu, devait avoir quelque chose de divin qui manque. Mabuse le disait lui-même avec dépit quand il n'était pas ivre.

Poussin regardait alternativement le vieillard et Porbus avec une inquiète curiosité. Il s'approcha de celui-ci comme pour lui demander le nom de leur hôte ; mais le peintre se mit un doigt sur les lèvres d'un air de mystère, et le jeune homme, vivement intéressé, garda le silence, espérant que tôt ou tard quelque mot lui permettrait de deviner le nom de son hôte, dont la richesse et les talens étaient suffisamment attestés par le respect que Porbus lui témoignait, et par les merveilles entassées dans cette salle.

Poussin, voyant sur la sombre boiserie de chêne un magnifique portrait de femme, s'écria : — Quel beau Giorgion !

— Non ! répondit le vieillard, vous voyez un de mes premiers barbouillages.

— Tudieu ! je suis donc chez le dieu de la peinture, dit naïvement le Poussin.

Le vieillard sourit comme un homme familiarisé depuis longtemps avec cet éloge.

— Maître Frenhofer ! dit Porbus, ne sauriez-vous faire venir un peu de votre bon vin du Rhin pour moi?

— Deux pipes, répondit le vieillard. Une pour m'acquitter du plaisir que j'ai eu ce matin en voyant ta jolie pécheresse, et l'autre comme un présent d'amitié.

— Ah ! si je n'étais pas toujours

souffrant, reprit Porbus, et si vous vouliez me laisser voir votre *maîtresse*, je pourrais faire quelque peinture haute, large et profonde, où les figures seraient de grandeur naturelle.

— Montrer mon œuvre, s'écria le vieillard tout ému. Non, non, je dois la perfectionner encore. Hier, vers le soir, dit-il, j'ai cru avoir fini. Ses yeux me semblaient humides, sa chair était agitée. Les tresses de ses cheveux remuaient. Elle respirait! Quoique j'aie trouvé le moyen de réaliser sur une toile plate le relief et la rondeur de la nature, ce matin, au jour, j'ai reconnu mon erreur. Ah! pour arriver à ce résultat glorieux, j'ai étudié à fond les grands maîtres du coloris, j'ai analysé et soulevé couche par couche les tableaux de Titien, ce roi de la lumière ; j'ai, comme ce peintre souverain, ébauché ma figure dans un ton clair avec une pâte souple et nourrie, car l'ombre n'est qu'un accident, retiens cela, petit. Puis je suis revenu sur mon œuvre, et au moyen de demi-teintes et de glacis dont je diminuais de plus en plus la transparence, j'ai rendu les ombres les plus vigoureuses et jusqu'aux noirs les plus fouillés ; car les ombres des peintres ordinaires sont d'une autre nature que leurs tons éclairés ; c'est du bois, de l'airain, c'est tout ce que vous voudrez, excepté de la chair dans l'ombre. On sent que si leur figure changeait de position, les places ombrées ne se nettoieraient pas et ne deviendraient pas lumineuses. J'ai évité ce défaut où beaucoup d'entre les plus illustres sont tombés, et chez moi la blancheur se révèle sous l'opacité de l'ombre la plus soutenue ! Comme une foule d'ignorans qui s'imaginent dessiner correctement parce qu'ils font un trait soigneusement ébarbé, je n'ai pas marqué sèchement les bords extérieurs de ma figure et fait ressortir jusqu'au moindre détail anatomique, car le corps humain ne finit pas par des lignes. En cela, les sculpteurs peuvent plus approcher de la vérité que nous autres. La nature comporte une suite de rondeurs qui s'enveloppent les unes dans les autres. Rigoureusement parlant, le dessin n'existe pas ! Ne riez pas, jeune homme! Quelque singulier que vous paraisse ce mot, vous en comprendrez quelque jour les raisons. La ligne est le moyen par lequel l'homme se rend compte de l'effet de la lumière sur les objets; mais il n'y a pas de lignes dans la nature où tout est plein : c'est en modelant qu'on dessine, c'est-à-dire qu'on détache les choses du milieu où elles sont, la distribution du jour donne seule l'apparence aux corps! Aussi, n'ai-je pas arrêté les linéamens, j'ai répandu sur les contours un nuage de demi-teintes blondes et chaudes qui fait que l'on ne saurait précisément poser le doigt sur la place où les contours se rencontrent avec les fonds. De près, ce travail semble cotonneux et paraît manquer de précision, mais à deux pas, tout se raffermit, s'arrête et se détache ; le corps tourne, les formes deviennent saillantes, l'on sent l'air circuler tout autour. Cependant je ne suis pas encore content, j'ai des doutes. Peut-être faudrait-il ne pas dessiner un seul trait, et vaudrait-il mieux attaquer une figure par le milieu en s'attachant d'abord aux saillies les plus éclairées, pour passer ensuite aux portions plus sombres. N'est-ce pas ainsi que procède le soleil, ce divin peintre de l'univers. Oh ! nature, nature ! qui jamais t'a surprise dans tes fuites ! Tenez, le trop de science, de même que l'ignorance, arrivent à une négation ! Je doute de mon œuvre !

Le vieillard fit une pause, puis il

reprit : — Voilà dix ans, jeune homme, que je travaille ; mais que sont dix petites années quand il s'agit de lutter avec la nature ? Nous ignorons le temps qu'employa le seigneur Pygmalion pour faire la seule statue qui ait marché !

Le vieillard tomba dans une rêverie profonde, et resta les yeux fixes en jouant machinalement avec son couteau.

— Le voilà en conversation avec son *esprit*, dit Porbus à voix basse.

A ce mot, Nicolas Poussin se sentit sous la puissance d'une inexplicable curiosité d'artiste. Ce vieillard aux yeux blancs, attentif et stupide, devenu pour lui plus qu'un homme, lui apparut comme un génie fantasque qui vivait dans une sphère inconnue. Il réveillait mille idées confuses en l'âme. Le phénomène moral de cette espèce de fascination ne peut pas plus se définir qu'on ne peut traduire l'émotion excitée par un chant qui rappelle la patrie au cœur de l'exilé. Le mépris que ce vieil homme affectait d'exprimer pour les plus belles tentatives de l'art, sa richesse, ses manières, les déférences de Porbus pour lui, cette œuvre tenue si long-temps secrète, œuvre de patience, œuvre de génie sans doute, s'il fallait en croire la tête de vierge que le jeune Poussin avait si franchement admirée, et qui belle encore, même près de l'Adam de Mabuse, attestait le faire impérial d'un des princes de l'art; tout en ce vieillard allait au-delà des bornes de la nature humaine. Ce que la riche imagination de Nicolas Poussin put saisir de clair et de perceptible en voyant cet être surnaturel, était une complète image de la nature artiste, de cette nature folle à laquelle tant de pouvoirs sont confiés, et qui trop souvent en abuse, emmenant la froide raison, les bourgeois et même quelques amateurs, à travers mille routes pierreuses, où, pour eux, il n'y a rien; tandis que folâtre en ses fantaisies, cette fille aux ailes blanches y découvre des épopées, des châteaux, des œuvres d'art. Nature moqueuse et bonne, féconde et pauvre! Ainsi, pour l'enthousiaste Poussin, ce vieillard était devenu, par une transfiguration subite, l'art lui-même, l'art avec ses secrets, ses fougues et ses rêveries.

— Oui, mon cher Porbus, reprit Frenhofer, il m'a manqué jusqu'à présent de rencontrer une femme irréprochable, un corps dont les contours soient d'une beauté parfaite, et dont la carnation... Mais où est-elle vivante, dit-il en s'interrompant, cette introuvable Vénus des anciens, si souvent cherchée, et dont nous rencontrons à peine quelques beautés éparses? Oh! pour voir un moment, une seule fois, la nature divine, complète, l'idéal enfin, je donnerais toute ma fortune, mais j'irai te chercher dans tes limbes, beauté céleste! Comme Orphée, je descendrai dans l'enfer de l'art pour en ramener la vie.

— Nous pouvons partir d'ici, dit

Porbus à Poussin, il ne nous entend plus, ne nous voit plus !

— Allons à son atelier, répondit le jeune homme émerveillé.

— Oh ! le vieux reître a su en défendre l'entrée. Ses trésors sont trop bien gardés pour que nous puissions y arriver. Je n'ai pas attendu votre avis et votre fantaisie pour tenter l'assaut du mystère.

— Il y a donc un mystère ?

— Oui, répondit Porbus. Le vieux Frenhofer est le seul élève que Mabuse ait voulu faire. Devenu son ami, son sauveur, son père, Frenhofer a sacrifié la plus grande partie de ses trésors à satisfaire les passions de Mabuse ; en échange Mabuse lui a légué le secret du relief, le pouvoir de donner aux figures cette vie extraordinaire, cette fleur de nature, notre désespoir éternel ; mais dont il possédait si bien *le faire*, qu'un jour, ayant vendu et bu le damas à fleur, avec lequel il devait s'habiller à l'entrée de Charles-Quint, il accompagna son maître avec un vêtement de papier, peint en damas. L'éclat particulier de l'étoffe portée par Mabuse surprit l'empereur, qui voulant en faire compliment au protecteur du vieil ivrogne, découvrit la supercherie. Frenhofer est un homme passionné pour notre art, qui voit plus haut et plus loin que les autres peintres. Il a profondément médité sur les couleurs, sur la vérité absolue de la ligne ; mais, à force de recherches, il est arrivé à douter de l'objet même de ses recherches. Dans ses momens de désespoir, il prétend que le dessin n'existe pas et qu'on ne peut rendre avec des traits que des figures géométriques; ce qui est trop absolu, puisqu'avec le trait et le noir, qui n'est pas une couleur, on peut faire une figure; ce qui prouve que notre art est, comme la nature, composé d'une infinité d'élémens : le dessin donne un squelette, la couleur est la vie, mais la vie sans le squelette est une chose plus incomplète que le squelette sans la vie. Enfin, il y a quelque chose de plus vrai que tout ceci, c'est que la pratique et l'observation sont tout chez un peintre, et que si le raisonnement et la poésie se querellent avec les brosses, on arrive au doute comme le bonhomme qui est aussi fou que peintre. Peintre sublime, il a eu le malheur de naître riche, ce qui lui a permis de divaguer. Ne l'imitez pas! Travaillez! les peintres ne doivent méditer que les brosses à la main.

— Nous y pénétrerons, s'écria Poussin, n'écoutant plus Porbus et ne doutant plus de rien.

Porbus sourit à l'enthousiasme du jeune inconnu, et le quitta en l'invitant à venir le voir.

Nicolas Poussin revint à pas lents vers la rue de la Harpe, et dépassa sans s'en apercevoir la modeste hôtellerie où il était logé. Montant avec une inquiète promptitude son misérable escalier, il parvint à une chambre haute, située sous une toiture en colombage, naïve et légère couverture des maisons du vieux Paris. Près de l'unique et sombre fenêtre de cette chambre, il vit une jeune fille qui, au bruit de la porte, se dressa soudain par un mouvement d'amour, elle avait reconnu le peintre à la manière dont il avait attaqué le loquet.

— Qu'as-tu ? dit-elle.

— J'ai, j'ai, s'écria-t-il en étouffant de plaisir, que je me suis senti peintre ! J'avais douté de moi jusqu'à présent, mais ce matin j'ai cru en moi-même ! Je puis être un grand homme ! Va ! Gillette, nous serons riches, heureux ! Il y a de l'or dans ces pinceaux.

Mais il se tut soudain. Sa figure

grave et vigoureuse perdit son expression de joie quand il compara l'immensité de ses espérances à la médiocrité de ses ressources. Les murs étaient couverts de simples papiers chargés d'esquisses au crayon. Il ne possédait pas quatre toiles propres. Les couleurs avaient alors un haut prix, et le pauvre gentilhomme voyait sa palette à peu près nue. Au sein de cette misère, il possédait et ressentait d'incroyables richesses de cœur, et la surabondance d'un génie dévorant. Amené à Paris par un gentilhomme de ses amis, ou peut-être par son propre talent, il y avait rencontré soudain une maîtresse, une de ces âmes nobles et généreuses qui viennent souffrir près d'un grand homme, en épousent les misères et s'efforcent de comprendre leurs caprices; fortes pour la misère et l'amour, comme d'autres sont intrépides à porter le luxe, à faire parader leur insensibilité. Le sourire errant sur les lèvres de Gillette dorait ce grenier et rivalisait avec l'éclat du ciel. Le soleil ne brillait pas toujours, tandis qu'elle était toujours là, recueillie dans sa passion, attachée à son bonheur, à sa souffrance, consolant le génie qui débordait dans l'amour avant de s'emparer d el'art.

— Écoute, Gillette, viens.

L'obéissante et joyeuse fille sauta sur les genoux du peintre. Elle était toute grâce, toute beauté, jolie comme un printemps, parée de toutes les richesses féminines et les éclairant par le feu d'une belle âme.

— O Dieu! s'écria-t-il, je n'oserai jamais lui dire...

— Un secret? reprit-elle. Oh! je veux le savoir.

Le Poussin resta rêveur.

— Parle donc.

— Gillette! pauvre cœur aimé!

— Oh! tu veux quelque chose de moi.

— Oui.

— Si tu désires que je pose encore devant toi comme l'autre jour, reprit-elle d'un petit air boudeur, je n'y consentirai plus jamais, car, dans ces momens-là, tes yeux ne me disent plus rien. Tu ne penses plus à moi, et cependant tu me regardes.

— Aimerais-tu mieux me voir copier une autre femme?

— Peut-être, dit-elle, si elle était bien laide.

— Eh bien, reprit le Poussin d'un ton sérieux, si pour ma gloire venir, si pour me faire grand peintre, il fallait aller poser chez un autre?

— Tu veux m'éprouver, dit-elle. Tu sais bien que je n'irais pas.

Le Poussin pencha sa tête sur sa poitrine comme un homme qui succombe à une joie ou à une douleur trop forte pour son âme.

— Écoute, dit-elle en tirant Poussin par la manche de son pourpoint usé, je t'ai dit, Nick, que je donnerais ma vie pour toi : mais je ne t'ai jamais promis, moi vivante, de renoncer à mon amour.

— Y renoncer, s'écria Poussin.

— Si je me montrais ainsi à un autre, tu ne m'aimerais plus. Et, moi-même, je me trouverais indigne de toi. Obéir à tes caprices, n'est-ce pas chose naturelle et simple? Malgré moi, je suis heureuse, et même fière de faire ta chère volonté. Mais pour un autre! fi donc.

— Pardonne, ma Gillette, dit le peintre en se jetant à ses genoux. J'aime mieux être aimé que glorieux. Pour moi, tu es plus belle que la fortune et les honneurs. Va, jette mes pinceaux, brûle ces esquisses. Je me suis trompé, ma vocation est de t'aimer. Je ne suis pas peintre, je suis amoureux. Périssent et l'art et tous ses secrets!

Elle l'admirait, heureuse, charmée! Elle régnait, elle sentait instinctivement que les arts étaient oubliés pour elle, et jetés à ses pieds comme un grain d'encens.

— Ce n'est pourtant qu'un vieillard, reprit Poussin. Il ne pourra voir que la femme en toi. Tu es si parfaite!

— Il faut bien aimer, s'écria-t-elle prête à sacrifier ses scrupules d'amour pour récompenser son amant de tous les sacrifices qu'il lui faisait. Mais, reprit-elle, ce serait me perdre. Ah! me perdre pour toi. Oui, cela est bien beau! mais tu m'oublieras. Oh! quelle mauvaise pensée as-tu donc eue là?

— Je l'ai eue et je t'aime, dit-il avec une sorte de contrition, mais je suis donc un infâme.

— Consultons le père Hardouin, dit-elle.

— Oh, non! que ce soit un secret entre nous deux.

— Eh bien, j'irai; mais ne sois pas là, dit-elle. Reste à la porte, armé de ta dague; si je crie, entre et tue le peintre.

Ne voyant plus que son art, le Poussin pressa Gillette dans ses bras

— Il ne m'aime plus! pensa Gillette quand elle se trouva seule.

Elle se repentait déjà de sa résolution. Mais elle fut bientôt en proie à une épouvante plus cruelle que son repentir, elle s'efforça de chasser une pensée affreuse qui s'élevait dans son cœur. Elle croyait aimer déjà moins le peintre en le soupçonnant moins estimable.

CATHERINE LESCAULT.

II.

Trois mois après la rencontre du Poussin et de Porbus, celui-ci vint voir maître Frenhofer. Le vieillard était alors en proie à l'un de ces découragemens profonds et spontanés dont la cause est, s'il faut en croire les mathématiciens de la médecine, dans une digestion mauvaise, dans le vent, la chaleur ou quelque empâtement des hypochondres ; et, suivant les spiritualistes, dans l'imperfection de notre nature morale ; le bon homme s'était purement et simplement fatigué à parachever son mystérieux tableau. Il était languissamment assis dans une vaste chaire de chêne sculpté, garni de cuir noir ; et, sans quitter son attitude mélancolique, il lança sur Porbus le regard d'un homme qui s'était établi dans son ennui.

— Eh bien ! maître, lui dit Porbus, l'*outre-mer* que vous avez été chercher à Bruges était-il mauvais, est-ce que vous n'avez pas su broyer notre nouveau blanc, votre huile est-elle méchante, ou les pinceaux rétifs?

— Hélas! s'écria le vieillard, j'ai cru pendant un moment que mon œuvre était accomplie ; mais je me suis, certes, trompé dans quelques détails, et je ne serai tranquille qu'après avoir éclairci mes doutes. Je me décide à voyager et vais aller en Turquie, en Grèce, en Asie, pour y chercher un modèle et comparer mon tableau à diverses natures. Peut-être ai-je là-haut, reprit-il en laissant échapper un sourire de contentement, la nature elle-même. Parfois, j'ai quasi peur qu'un souffle ne me réveille cette femme et qu'elle ne disparaisse.

Puis il se leva tout-à-coup, comme pour partir.

— Oh! oh! répondit Porbus, j'arrive à temps pour vous éviter la dépense et les fatigues du voyage.

— Comment, demanda Frenhofer étonné.

— Le jeune Poussin est aimé par une femme dont l'incomparable beauté se trouve sans imperfection aucune. Mais, mon cher maître, s'il consent à vous la prêter, au moins faudra-t-il nous laisser voir votre toile.

Le vieillard resta debout, immobile, dans un état de stupidité parfaite.

— Comment! s'écria-t-il enfin douloureusement, montrer ma créature, mon épouse? déchirer le voile dont j'ai chastement couvert mon bonheur? Mais ce serait une horrible prostitution! Voilà dix ans que je vis avec cette femme. Elle est à moi, à moi seul. Elle m'aime. Ne m'a-t-elle pas souri à chaque coup de pinceau que je lui ai donné? Elle a une âme, l'âme dont je l'ai douée. Elle rougirait si d'autres yeux que les miens s'arrêtaient sur elle. La faire voir! mais quel est le mari, l'amant assez vil pour conduire sa femme au déshonneur! Quand tu fais un tableau pour la cour, tu n'y mets pas toute ton âme, tu ne vends aux courtisans que des mannequins coloriés. Ma peinture n'est pas une peinture, c'est un sentiment, une passion! Née dans mon atelier, elle doit y rester vierge, et n'en peut sortir que vêtue. La poésie et les femmes ne se livrent nues qu'à leurs amans ! Possédons-nous les figures de Raphaël, l'Angélique de l'Arioste, la Béatrix du Dante ? Non ! nous n'en voyons que les formes ! Eh bien ! l'œuvre que je tiens là-haut sous mes verroux est une exception dans notre art; ce n'est pas une toile, c'est une femme ! une femme avec laquelle je pleure, je ris, je cause et pense. Veux-tu que tout-à-coup je quitte un bonheur de dix années comme on jette un manteau ? Que tout-à-coup je cesse d'être père, amant et Dieu. Cette femme n'est pas une créature, c'est une création. Vienne ton jeune homme, je lui donnerai mes trésors, je lui donnerai des tableaux du Corrège, de Michel-Ange, du Titien, je baiserai la marque de ses pas dans la poussière ; mais en faire mon rival? honte à moi! Ha! ha! je suis plus amant encore que je ne suis peintre. Oui, j'aurai la force de brûler ma *Catherine* à mon dernier soupir; mais lui faire supporter le regard d'un homme, d'un jeune homme, d'un peintre? non, non! Je tuerais le lendemain celui qui l'aurait souillée d'un regard! Je te tuerais à l'instant, toi, mon ami, si tu ne la saluais pas à genoux! Veux-tu maintenant que je soumette mon idole aux froids regards et aux stupides critiques des imbéciles? Ah! l'amour est un mystère; il n'a de vie qu'au fond des cœurs, et tout est perdu quand un homme dit même à son ami : — Voilà celle que j'aime !

Le vieillard semblait être redevenu jeune ; ses yeux avaient de l'éclat et de la vie ; ses joues pâles étaient nuancées d'un rouge vif, et ses mains tremblaient. Porbus, étonné de la violence passionnée avec laquelle ces paroles furent dites, ne savait que répondre à un sentiment aussi neuf que profond. Frenhofer était-il raisonnable ou fou ? Se trouvait-il subjugué par une fantaisie d'artiste, ou les idées qu'il avait exprimées procédaient-elles de ce fanatisme inexprimable produit en nous par le long enfantement d'une grande œuvre ? Pouvait-on jamais espérer de transiger avec cette passion bizarre.

En proie à toutes ces pensées, Porbus dit au vieillard : — Mais n'est-ce pas femme pour femme? Poussin ne livre-t-il pas sa maîtresse à vos regards?

— Quelle maîtresse, répondit Frenhofer. Elle le trahira tôt ou tard. La mienne me sera toujours fidèle!

— Eh bien! reprit Porbus, n'en parlons plus. Mais avant que vous ne trouviez, même en Asie, une femme aussi belle, aussi parfaite, vous mourrez peut-être sans avoir achevé votre tableau.

— Oh! il est fini, dit Frenhofer. Qui le verrait, croirait apercevoir une femme couchée sur un lit de velours, sous des courtines. Près d'elle un trépied d'or exhale des parfums. Tu serais tenté de prendre le gland des cordons qui retiennent les rideaux, et il te semblerait voir le sein de *Catherine* rendre le mouvement de sa respiration. Cependant, je voudrais bien être certain...

— Va en Asie, répondit Porbus en apercevant une sorte d'hésitation dans le regard de Frenhofer. Et Porbus fit quelques pas vers la porte de la salle.

En ce moment, Gillette et Nicolas Poussin étaient arrivés près du logis de Frenhofer. Quand la jeune fille fut sur le point d'y entrer, elle quitta le bras du peintre, et se recula comme si elle eût été saisie par quelque soudain pressentiment.

— Mais que viens-je donc faire

ici, demanda-t-elle à son amant d'un son de voix profond et en le regardant d'un œil fixe.

— Gillette, je t'ai laissée maîtresse et veux t'obéir en tout. Tu es ma conscience et ma gloire. Reviens au logis, je serai plus heureux, peut-être, que si tu...

— Suis-je à moi quand tu me parles ainsi ? Oh ! non, je ne suis plus qu'une enfant. — Allons, ajouta-t-elle en paraissant faire un violent effort, si notre amour périt, et si je mets dans mon cœur un long regret, ta célébrité ne sera-t-elle pas le prix de mon obéissance à tes désirs ? Entrons, ce sera vivre encore que d'être toujours comme un souvenir dans ta palette.

En ouvrant la porte de la maison, les deux amans se rencontrèrent avec Porbus qui, surpris par la beauté de Gillette dont les yeux étaient alors pleins de larmes, la saisit toute tremblante, et l'amenant devant le vieillard : — Tenez, dit-il, ne vaut-elle pas tous les chefs-d'œuvre du monde?

Frenhofer tressaillit. Gillette était là, dans l'attitude naïve et simple d'une jeune Géorgienne innocente et peureuse, ravie et présentée par des brigands à quelque marchand d'esclaves. Une pudique rougeur colorait son visage, elle baissait les yeux, ses mains étaient pendantes à ses côtés, ses forces semblaient l'abandonner, et des larmes protestaient contre la violence faite à sa pudeur. En ce moment, Poussin, au désespoir d'avoir sorti ce beau trésor de ce grenier, se maudit lui-même. Il devint plus amant qu'artiste, et mille scrupules lui torturèrent le cœur quand il vit l'œil rajeuni du vieillard, qui, par une habitude de peintre, déshabilla, pour ainsi dire, cette jeune fille en en devinant les formes les plus secrètes. Il revint alors à la féroce jalousie du véritable amour.

— Gillette, partons! s'écria-t-il.

A cet accent, à ce cri, sa maîtresse joyeuse leva les yeux sur lui, le vit, et courant dans ses bras.

— Ah! tu m'aimes donc, répondit-elle en fondant en larmes.

Après avoir eu l'énergie de taire sa souffrance, elle manquait de force pour cacher son bonheur.

— Oh! laissez-la moi pendant un moment, dit le vieux peintre, et vous la comparerez à ma Catherine. Oui j'y consens.

Il y avait encore de l'amour dans le cri de Frenhofer. Il semblait avoir de la coquetterie pour son semblant de femme, et jouir par avance du triomphe que la beauté de sa vierge allait remporter sur celle d'une vraie jeune fille.

— Ne le laissez pas se dédire, s'écria Porbus en frappant sur l'épaule de Poussin. Les fruits de l'amour passent vite, ceux de l'art sont immortels.

— Pour lui, répondit Gillette en regardant attentivement le Poussin et Porbus, ne suis-je donc pas plus qu'une femme? Elle leva la tête avec fierté ; mais quand, après avoir jeté un coup d'œil étincelant à Frenhofer, elle vit son amant occupé à contempler de nouveau le portrait qu'il avait pris naguère pour un Giorgion : — Ah! dit-elle, montons. Il ne m'a jamais regardée ainsi !

— Vieillard, reprit Poussin tiré de sa méditation par la voix de Gillette, vois cette épée, je la plongerai dans ton cœur au premier mot de plainte que prononcera cette jeune fille, je mettrai le feu à ta maison, et personne n'en sortira. Comprends-tu?

Nicolas Poussin était sombre. Sa parole terrible, son attitude, son geste consolèrent Gillette qui lui pardonna presque de la sacrifier à la peinture et à son glorieux avenir.

Porbus et Poussin restèrent à la porte de l'atelier, se regardant l'un l'autre en silence. Si, d'abord, le peintre de la Marie égyptienne se permit quelques exclamations. — Ah ! elle se déshabille. Il lui dit de se mettre au jour ! Il la compare ! Bientôt il se tut à l'aspect du Poussin dont le visage était profondément triste ; et quoique les vieux peintres n'aient plus de ces scrupules, si petits en présence de l'art, ils les admira tant ils étaient naïfs et jolis. Le jeune homme avait la main sur la garde de sa dague et l'oreille presque collée à la porte. Tous deux, dans l'ombre et debout, ressemblaient ainsi à deux conspirateurs attendant l'heure de frapper un tyran.

— Entrez, entrez, leur dit le vieillard rayonnant de bonheur. Mon œuvre est parfaite, et maintenant je puis la montrer avec orgueil. Jamais peintre, pinceaux, couleurs, toile et lumière ne feront une rivale à *Catherine Lescault!*

En proie à une vive curiosité, Porbus et Poussin coururent au milieu d'un vaste atelier couvert de poussière, où tout était en désordre, où ils virent çà et là des tableaux accrochés aux murs. Ils s'arrêtèrent tout d'abord devant une figure de femme de grandeur naturelle, demi-nue, et pour laquelle ils furent saisis d'admiration.

— Oh! ne vous occupez pas de cela, dit Frenhofer, c'est une toile que j'ai barbouillée pour étudier une pose, ce tableau ne vaut rien. Voilà mes erreurs, reprit-il en leur montrant de ravissantes compositions suspendues aux murs, autour d'eux.

A ces mots, Porbus et Poussin, stupéfaits de ce dédain pour de telles œuvres, cherchèrent le portrait annoncé, sans réussir à l'apercevoir.

— Eh bien! le voilà! leur dit le vieillard dont les cheveux étaient en désordre, dont le visage était enflammé par une exaltation surnaturelle, dont les yeux pétillaient, et qui haletait comme un jeune homme ivre d'amour.—Ah! ah! s'écria-t-il, vous ne vous attendiez pas à tant de perfection! Vous êtes devant une femme et vous cherchez un tableau.

Il y a tant de profondeur sur cette toile, l'air y est si vrai, que vous ne pouvez plus le distinguer de l'air qui nous environne. Où est l'art ? perdu, disparu ! Voilà les formes mêmes d'une jeune fille. N'ai-je pas bien saisi la couleur, le vif de la ligne qui paraît terminer le corps ? N'est-ce pas le même phénomène que nous présentent les objets qui sont dans l'atmosphère comme les poissons dans l'eau ? Admirez comme les contours se détachent du fond ? Ne semble-t-il pas que vous puissiez passer la main sur ce dos ? Aussi, pendant sept années, ai-je étudié les effets de l'accouplement du jour et des objets. Et ces cheveux, la lumière ne les inonde-t-elle pas ? Mais elle a respiré, je crois ! Ce sein, voyez? Ah! qui ne voudrait l'adorer à genoux?. Les chairs palpitent. Elle va se lever, attendez.

— Apercevez-vous quelque chose? demanda Poussin à Porbus.

— Non. Et vous?

— Rien.

Les deux peintres laissèrent le vieillard à son extase, regardèrent si la lumière, en tombant d'aplomb sur la toile qu'il leur montrait, n'en neutralisait pas tous les effets; ils examinèrent alors la peinture en se mettant à droite, à gauche, de face, en se baissant et se levant tour à tour.

— Oui, oui, c'est bien une toile, leur disait Frenhofer en se méprenant sur le but de cet examen scrupuleux. Tenez, voilà le châssis, le chevalet, enfin, voici mes couleurs, mes pinceaux. Et il s'empara d'une brosse qu'il leur présenta par un mouvement naïf.

— Le vieux lansquenet se joue de nous, dit Poussin en revenant devant le prétendu tableau. Je ne vois là que des couleurs confusément amassées et contenues par une multitude de lignes bizarres qui forment une muraille de peinture.

— Nous nous trompons, voyez, reprit Porbus.

En s'approchant, ils aperçurent dans un coin de la toile le bout d'un pied nu qui sortait de ce chaos de couleurs, de tons, de nuances indécises, espèce de brouillard sans forme; mais un pied délicieux, un pied vivant! Ils restèrent pétrifiés d'admiration devant ce fragment échappé à une incroyable, à une lente et progressive destruction. Ce pied apparaissait là comme le torse de quelque Vénus en marbre de Paros qui surgirait parmi les décombres d'une ville incendiée.

— Il y a une femme là-dessous, s'écria Porbus en faisant remarquer à Poussin les diverses superpositions de couleurs dont le vieux peintre avait successivement chargé toutes les parties de cette figure en voulant la perfectionner.

Les deux peintres se tournèrent spontanément vers Frenhofer, en commençant à s'expliquer, mais vaguement, l'extase dans laquelle il vivait.

— Il est de bonne foi, dit Porbus.
— Oui, mon ami, répondit le vieillard en se réveillant, il faut de la foi, de la foi dans l'art, et vivre pendant long-temps avec son œuvre pour produire une création semblable. Quelques-unes de ces ombres m'ont coûté bien des travaux. Tenez, il y a là sur sa joue, au-dessous des yeux, une légère pénombre qui, si vous l'observez dans la nature, vous paraîtra presque intraduisible. Eh bien, croyez-vous qu'elle ne m'ait pas coûté des peines inouïes à reproduire? Mais aussi, mon cher Porbus, regarde attentivement mon travail, et tu comprendras mieux ce que je te disais sur la manière de traiter le modelé et les contours ; regarde la lumière

du sein, et vois comme, par une suite de touches et de *rehauts* fortement empâtés, je suis parvenu à accrocher la véritable lumière et à la combiner avec la blancheur luisante des tons éclairés; et comme, par un travail contraire, en effaçant les saillies et le grain de la pâte, j'ai pu, à force de caresser le contour de ma figure noyé dans la demi-teinte, ôter jusqu'à l'idée de dessin et de moyens artificiels, et lui donner l'aspect et la rondeur même de la nature. Approchez, vous verrez mieux ce travail. De loin, il disparaît. Tenez? là, il est, je crois, très-remarquable. Et du bout de sa brosse, il désignait aux deux peintres un pâté de couleur claire.

Porbus frappa sur l'épaule du

vieillard en se tournant vers Poussin : — Savez-vous que nous voyons en lui un bien grand peintre, dit-il.

— Il est encore plus poète que peintre, répondit gravement Poussin.

— Là, reprit Porbus en touchant la toile, finit notre art sur terre.

— Et, de là, il va se perdre dans les cieux, dit Poussin.

— Que de jouissances sur ce morceau de toile! s'écria Porbus.

Le vieillard absorbé ne les écoutait pas, et souriait à cette femme imaginaire.

— Mais, tôt ou tard, il s'apercevra qu'il n'y a rien sur sa toile, s'écria Poussin.

— Rien sur ma toile, dit Frenhofer en regardant tour à tour les deux peintres et son prétendu tableau.

— Qu'avez-vous fait? répondit Porbus à Poussin.

Le vieillard saisit avec force le bras du jeune homme et lui dit : — Tu ne vois rien, manant! maheustre! bélître! bardache! Pourquoi donc es-tu monté ici? — Mon bon Porbus, reprit-il en se tournant vers lepeintre, est-ce que, vous aussi, vous vous joueriez de moi, répondez? je suis votre ami, dites, aurais-je donc gâté mon tableau?

Porbus, indécis, n'osa rien dire; mais l'anxiété peinte sur la physionomie blanche du vieillard était si cruelle, qu'il montra la toile en disant : — Voyez!

Frenhofer contempla son tableau pendant un moment et chancela.

— Rien, rien ! Et avoir travaillé dix ans. Il s'assit et pleura. — Je suis donc un imbécile, un fou ! je n'ai donc ni talent, ni capacité, je ne suis plus qu'un homme riche qui, en marchant, ne fait que marcher ! Je n'aurai donc rien produit ! Il contempla sa toile à travers ses larmes, il se releva tout-à-coup avec fierté, jeta sur les deux peintres un regard étincelant : — Par le sang, par le corps, par la tête du Christ, vous êtes des jaloux qui voulez me faire croire qu'elle est gâtée pour me la voler ! Moi, je la vois, cria-t-il ! elle est merveilleusement belle.

En ce moment, Poussin entendit

les pleurs de Gillette, oubliée dans un coin.

— Qu'as-tu, mon ange? lui demanda le peintre redevenu subitement amoureux.

— Tue-moi! dit-elle. Je serais une infâme de t'aimer encore, car je te méprise. Tu es ma vie, et tu me fais horreur. Je crois que je te hais déjà.

Pendant que Poussin écoutait Gillette, Frenhofer recouvrait sa Catherine d'une serge verte, avec la sérieuse tranquillité d'un joaillier qui ferme ses tiroirs en se croyant en compagnie d'adroits larrons. Il jeta sur les deux peintres un regard profondément sournois, plein de mépris et de soupçon, les mit silencieusement à la porte de son atelier, avec une promptitude convulsive. Puis, il leur dit sur le seuil de son logis : — Adieu, mes petits amis.

Cet adieu les glaça. Le lendemain, Porbus inquiet, revint voir Frenhofer, et apprit qu'il était mort dans la nuit, après avoir brûlé ses toiles.

Paris, février 1832.

FIN DU TOME XVII.

TABLE DES MATIÈRES

CONTENUES DANS LE XVIIe VOLUME.

L'AUBERGE ROUGE.

Introduction. 7
I. L'Idée et le fait. , ... 23
II. Les Deux crimes. 59
III. Les Deux justices. 100
IV. Le Cas de conscience. 125

LE CHEF-D'ŒUVRE INCONNU.

I. Gillette. 147
II. Catherine Lescault. 207

www.ingramcontent.com/pod-product-compliance
Lightning Source LLC
Chambersburg PA
CBHW071900160426
43198CB00011B/1180